Nossa Vida Espiritual
(Espiritismo, Luz dos Novos Tempos)

EME
EDITORA

Edição e Distribuição:

**EME
EDITORA**

Caixa Postal 1820 - 13360-000 - Capivari-SP
Fone/Fax: (019) 491-7000 / 491-5603
E-mail: editoraeme@ncap.com.br

Cristóvam Marques Pessoa

Nossa Vida Espiritual
(Espiritismo, Luz dos Novos Tempos)

Capivari - SP
— 2001 —

Nossa Vida Espiritual
(Espiritismo, Luz dos Novos Tempos)

1ª edição - setembro/1998 - 3.000 exemplares
2ª edição - abril/2001 - 500 exemplares

Capa:
Matheus R. Camargo

Editoração Eletrônica e Arte-final:
Editora EME

Revisão:
Waldeyr de Oliveira

Ficha Catalográfica

Pessoa, Cristóvam Marques (1910/2000)
 NOSSA VIDA ESPIRITUAL (Espiritismo, Luz dos Novos Tempos), 1ª edição, 1998, Capivari - SP - Editora EME, 04/2001.
 184 p.
 1 - Estudos Espíritas - Espiritismo
 2 - Crônicas e comentários Espíritas

CDD 133.9

Índice

Preâmbulo 7
Uma Religião Singular 9
Credo Espírita 13
A Nossa Origem Espiritual 17
Natureza e Forma do Espírito 21
De Onde Viemos? 25
Dos Vedas aos Nossos Dias 29
Como Nascem as Religiões 33
O Elogio da Velhice 37
O Elogio da Humildade 41
Provas da Sobrevivência 45
Razão e Fé 49
Os Extremos 53
O Eterno Presente 57
Mártires da Fé 61
O Culto aos Mortos 65
A Crença de Cada Um 69
Opinião e Doutrina 73
Que Temos Feito de Nossos Ideais? 77
Descobertas Arqueológicas — Os Essênios ... 81
Vidência Cá e Lá 85
Considerações Sobre a Liberdade 89
Espiritismo no Velho Testamento 93
Ação e Reação 97

O Melhor Lugar 101
Mortos Vivos 105
Enganos a Desfazer 109
Chagas Humanas — Os Vícios 113
Expressões Impróprias 117
Volta ao Mundo Livre 119
Viver, Imperativo Categórico 123
Buscar Sempre o Melhor 127
O Que Foi Torna a Ser 131
O Perispírito e Suas Funções 135
Verdades do Além-Túmulo 139
Defeitos Físicos: Um Enfoque Diferente 143
Onde Está Jesus? 147
Dupla Vista 151
A Natureza Não Dá Saltos 155
Do Egito Antigo às Revelações Modernas 159
Perturbação Espiritual 163
Os Emparedados 167
O Despertar de Um Novo Dia 171
Estudemos Kardec 175
A Reencarnação 179
Espiritismo, Luz dos Novos Tempos 183

Preâmbulo

Apresentamos aos prezados leitores mais um livro sobre o ESPIRITISMO, o qual abraçamos há dezenas de anos, em plena mocidade e continuamos nele e com ele. Tudo porque sua Doutrina é, de fato, de "Amor e Luz, Ciência, Fé e Consolação", como bem diz o Hino ao Espiritismo, dos saudosos confrades Nelson Kerensky e Sebastião Avelino de Macedo.

Nada exploramos além do possível, isto é, dos assuntos que pudessem ajudar a todos a melhor compreensão da vida neste mundo de Deus, em preparo para a volta ao plano dos irmãos que já se acham libertos do fardo carnal.

Ao mesmo tempo procuramos ser o mais claro e simples possível, de tal modo que em algumas páginas, mesmo contrariando os pontos de vista alheios, julgamos por bem expressarmo-nos na primeira pessoa do singular (eu), em alguns casos vividos pelo autor, a fim de permitir ao leitor o perfeito entendimento do texto.

Não atacamos religião nenhuma, vez que todas são úteis, desde que legítimas cumpridoras das leis divinas. Em alguns casos expusemo-las apenas, dado que o nosso objetivo é divulgar cada vez mais a Doutrina Espírita, aquela que Deus na sua misericórdia permitiu

fosse codificada pelo Sr. Allan Kardec.
Que os leitores tirem o melhor proveito de sua leitura.

O Autor

Uma Religião Singular

Se existe no mundo uma religião que possua caráter próprio essa é o ESPIRITISMO. Embora sem nenhum ritual, ele satisfaz ao espírito consciente. De nenhum símbolo ele precisa para afirmar sua crença. Se comunga com o Cristo, isto ele o faz em Espírito e Verdade, através das boas obras, dos pensamentos construtivos, do permanente esforço de a cada manhã sentir-se mais espiritualizado que no dia anterior. Não crê em doutrina alguma que não lhe possa trazer felicidade e progresso, para ele próprio e seu semelhante, pois a fraternidade é amor sem fronteiras.

Eis porque o Espiritismo é religião diferente e por vezes causa admiração às pessoas que, pela primeira vez, tomam contato com a sua Doutrina e lhe observam a prática.

Em todas as religiões, forçosamente haverá certo intercâmbio com o Mundo Invisível, ou já mantiveram essas relações quando do seu nascimento, uma vez que religião sem revelação espiritual é mera filosofia, quando não, banal teoria, susceptível de desaparecer com o passar do tempo, a qualquer sopro das forças civilizadoras, a qualquer brado da razão esclarecida.

"A religião verdadeira, isto é, a que tem esse caráter e assim pode ser considerada, apresenta-se na forma positiva dos fenômenos que a personificam, para depois tirar desses fatos as idéias, as mais subidas deduções constitutivas da moral" (Cairbar Schutel).

Na religião que Deus nos deu por misericórdia — a ESPÍRITA — nada existe pertencente ou privativo de outras religiões. Apenas duas coisas poderiam ser tomadas como princípios, porque sobejamente comprovadas: — as manifestações dos Espíritos e a Reencarnação.

Poderá haver alguém que alegue achar-se o Espiritismo copiando as suas sessões mediúnicas das que eram feitas ao tempo de Jesus pelos Apóstolos e discípulos, descritas nos Evangelhos. Pudera! Não fosse o Espiritismo, ele mesmo, o Cristianismo redivivo, restaurado.

Jesus pregou as verdades referentes à vida espiritual e eterna e o Espiritismo vem fazendo o mesmo. Jesus e seus discípulos saíam pelas cidades e vilas curando os doentes e expulsando os maus espíritos. E os espíritas procuram praticar a mesma caridade na medida de suas possibilidades, tudo de graça como o Cristianismo o fez nos primeiros tempos.

Espírito algum que, pelos seus ensinamentos, verificamos ser de plano espiritual elevado, jamais recomendou usássemos de ritual ou cerimonial de quaisquer espécies. É que, para a paz ou fidelidade dos que se acham livres no seu verdadeiro mundo — o espiritual — nada disso se faz preciso, mas sim o esforço empregado para desfazer-se das imperfeições morais, procurando, através da prática do bem, comungar com o Cristo.

Desse modo, o Espiritismo é Religião do despertar

das consciências para um porvir de paz e felicidade; é Religião da humildade que ilumina, do perdão que exalta, da fraternidade que ampara, da renúncia que eleva, do sofrimento que depura, da fé que edifica. Enfim, o Espiritismo é a Religião da Caridade que redime; é o Consolador Prometido por Jesus Cristo.

Credo Espírita

Já tivemos oportunidade de afirmar que não julgamos fácil tornarmo-nos espírita na verdadeira acepção da palavra, porque o Espiritismo é o Cristianismo restaurado, o Cristianismo dos tempos novos. E este, não é sem muito custo que se cumpre neste mundo de seduções, de luta fratricida e de guerra surda que sustentamos contra as nossas próprias imperfeições. Ser Cristão Espírita é ser do mundo sem pertencer ao mundo.

A porta de passagem do Espírita, que é a mesma do Cristão legítimo, é a porta estreita citada nos Evangelhos de Jesus, salvo para os que são espíritas apenas de nome.

Embora resumidamente, vejamos o que se exige de um Espírita ou adepto da Doutrina Espírita. A senhora Ester Ferreira Viana Calderon, autora do livro "Religiões, Mitos e Crendices", assim se expressa:

"O espírita sincero não tem crenças exteriores, nem cultos públicos que possam chamar sobre si as vaidades da Terra. Não tem imagens (cultos de fetiches); não acende velas (culto ao fogo); não tem defumadores (invocações pagãs); não tem sacrifícios (também cultos primitivos); não tem água benta, mas águas fluídicas curadoras, em que se acumulam, por meio de nossas forças mentais, as emanações benéficas das boas correntes psíquicas, tão necessárias ainda às nossas feições de encarnados".

Diz ainda a senhora Calderon que no Espiritismo não há sacerdotes, nem distintivos religiosos, nem lugares privativos ou pagos em seus Centros.

Como se vê, o Espiritismo é religião diferente, distinta. Dispensando tudo quanto julga inútil ou prejudicial ao progresso do Espírito, não usa ritual de espécie alguma, nem paramentos, cânticos, vinho, procissões, medalhas, talismãs e atos oriundos de primitivas concepções religiosas.

O Espírita não adota luto, exterioridade que nem sempre representa o que lhe vai na alma; não é dogmático nem crê no inferno como lugar circunscrito de tormentos eternos. Satã, diabo, demônio, são nomes alegóricos pelos quais se designam o conjunto dos Espíritos maus e em grande atraso, porém que algum dia se tornarão bons, forçados pela lei evolutiva das encarnações sucessivas.

O Espírita não crê na existência de apenas um Espírito Santo, mas de inumeráveis Espíritos sábios, santificados e benevolentes, os quais, sob as ordens do Altíssimo Senhor, dirigem o Universo.

Monoteísta e Cristão, o Espírita crê nas preces saídas do imo d'alma, sinceras e razoáveis, que além do utilíssimo exame de consciência servem de atração de forças espirituais em benefício de quem as profere e de outrem, desde que não venham se chocar com a vontade de Deus, através de suas leis sábias e eternas.

O Espírita reconhece que FORA DA CARIDADE NÃO HÁ SALVAÇÃO e, compreendendo o valor dos ensinos evangélicos, dá de graça os frutos dos benefícios espirituais que de graça recebera. Não crê no mito do **pecado original**, mas sim que recebemos o que nos é devido, e que todo sofrimento é necessário ao aperfeiçoamento da alma; que a fé somente salvará quando acompanhada de boas obras; finalmente, crê que todos seremos salvos pela graça das reencarnações neste ou em outro planeta, através das quais preparamos o nosso espírito para a vida noutros planos mais elevados da casa do Pai.

O Espiritismo que tem sua base no intercâmbio com os chamados mortos, estimula os seus adeptos a que sejam simples e naturais em tudo e a usarem de todo amor, tolerância e perdão. Científica, filosófica e mais que tudo baseada na infalível lei de evolução criada para todas as coisas oriundas do Criador Supremo, a Doutrina Espírita, induz-nos, todavia, a respeitar todas as demais religiões e seitas, cuja prática não prejudique a outrem nem fira a moral cristã, dado que são necessárias no combate ao materialismo embrutecedor do gênero humano.

Reconhecendo que grande parte da humanidade ainda não pode assimilar os elevados ensinamentos dados pelos Espíritos Superiores, o adepto da Doutrina Codificada pelo Sr. Allan Kardec roga sempre a Deus que derrame sobre este orbe mais luz espiritual, a fim de que todos aprendam o verdadeiro significado da vida e busquem o reto caminho que nos conduz a Ele, o Supremo Senhor.

A Nossa Origem Espiritual

Constante de "O LIVRO DOS ESPÍRITOS", item 53, é a seguinte pergunta de Allan Kardec ao Mentor Espiritual:
P. — "O homem surgiu em muitos pontos do globo"?
R. — "Sim, e em épocas várias, o que também constitui uma das causas da diversidade das raças. Depois, dispersaram-se os homens por climas diversos e aliando-se os de uma aos de outras raças, novos tipos se formaram".

Sim, o homem se formou na crosta terráquea com os elementos que aguardavam momento favorável para se desenvolverem. Nesse amálgama, nesse caldo primitivo, composto, possivelmente, daquilo a que os cientistas convencionaram chamar de "Ácido Ribonucléico"(ARN) e "Ácido-desoxiribonucléico"(ADN). E talvez muitos outros elementos, cuja existência talvez nem sequer cogitem nos quais repousa o princípio vegetativo, aquilo que funciona inconscientemente, isto é, o corpo material.

Mas o que anima esse corpo, aquilo que lhe dá consciência — o Espírito — de onde veio? Foi criado aqui mesmo?

Ainda é o Espírito de Verdade quem nos informa (L. E. 23 a 45). Os Espíritos, como o princípio vital e a própria matéria para a formação dos mundos, tiveram por fonte o fluido universal. Porém, a criação deste elemento está nos segredos de Deus.

Como se vê a nossa origem mais distante está no fluido universal, naquilo que os nossos olhos materiais não vêem.

De sua fonte primitiva — o fluido universal, repetimos — os Espíritos foram disseminados pelos inumeráveis globos em condições de recebê-los. E um desses planetas do Sistema Capela, da Constelação do Cocheiro, redistribuiu para a Terra uma boa quantidade deles — os rebeldes — aqueles que não se harmonizavam com a alta civilização reinante naquele sistema estelar. E ainda estão aqui, contrariando o Cristo nos seus planos de elevação deste orbe a mundo de regeneração, de felicidade e paz. É o que se deduz da situação atual do planeta.

O Espírito Emmanuel, com revelações mais chegadas ao nosso tempo e entendimento, nos diz no seu livro "A CAMINHO DA LUZ":

"Aqueles seres angustiados e aflitos, que deixaram atrás de si todo um mundo de afetos, não obstante os seus corações empedernidos na prática do mal, seriam degredados na noite dos milênios da saudade e da amargura; reencarnariam no seio das raças ignorantes e primitivas, a lembrarem o paraíso perdido nos firmamentos distantes. Por muitos séculos não veriam a suave luz da Capela, mas trabalhariam na Terra acariciados por Jesus e confortados na sua imensa misericórdia".

Eis porque, individualmente, não sabemos, realmente, quem somos. Podemos ter surgido deste fervedouro lamacento ou termos vindo de muito longe, no espaço e no tempo. Podemos ser da Terra ou apenas possuirmos título de cidadania terrena.

Poética caminhada, talvez sem regresso, e dura verdade para estes calcetas, para os quais somente o degredo, a vida forçada neste solo duro e árido, durante milhões de anos, poderá reformar-lhes a índole má e envergar-lhes a cerviz. E, pelo que parece, cada vez está chegando mais capelistas a este degredo.

Sim, talvez sejamos dos desterrados da Capela, na tentativa de vencermos o mal e encetarmos nossa reforma íntima. E diz o Evangelista João:

"Aquele que vem de cima é sobre todos; aquele que vem da terra é da terra e fala da terra". A dificuldade está em não sabermos quem seja alienígena ou indígena. Mas é bom mesmo que seja assim, para que se evite discriminação, vez que mesmo sem isso já existe muito separatismo à face da Terra.

Seja como for, tudo é de Deus e o Universo é a nossa casa, onde estivermos estaremos sobre e não sob. Viajemos quanto for o destino necessário ao nosso aprendizado, na certeza de não termos dado um passo sequer na ilimitada casa do Pai. O que importa, em verdade, é atendermos aos desejos de Deus, bem assim à nossa reforma íntima, à nossa evolução, ao nosso progresso.

Natureza e Forma do Espírito

Até Allan Kardec codificar a Doutrina Espírita, havia no pensamento dos filósofos e religiosos das diversas correntes e graus de cultura, variados pontos de vista a respeito da natureza da alma. E havia até, em face da multiplicidade de fenômenos por ela apresentada, tanto quando encarnada como quando livre do corpo material, quem pensasse haver no homem mais de um Espírito.

Platão, segundo A. Lobo Vilela, supunha a existência de uma alma inferior, localizada no ventre, outra alma afetiva encravada no peito e mais uma intelectual iluminando o cérebro.

Os escolásticos consideravam também três espécies de almas: uma vegetal, uma sensitiva e uma intelectual. Já os doutores da igreja primitiva, segundo ainda o autor citado, eram partidários da materialidade da alma, afirmando Santo Hilário: "Não há nada nas substâncias e na criação, quer na Terra quer no Céu, e entre as coisas visíveis como entre as invisíveis, que não seja corporal. Mesmo as almas, tanto depois da morte como durante a vida, conservam alguma substância corporal, porque é necessário que tudo o que é criado esteja em alguma coisa".

Ainda hoje, religiosos orientais crêem à maneira

de Santo Hilário, diante da variedade de fenômenos provocados pelo corpo fluídico, que Allan Kardec denominou de Perispírito.

O Espírito desencarnado é rico em meios de apresentar-se aos homens. Apresenta-se como deseja ser visto. Nas sessões de materializações, podemos observar isto. Mãos, braços, pés, rosto em várias posições, mostrando às vezes feições jovens, às vezes envelhecidas, doentias ou saudáveis. As assombrações não raro são vistas amortalhadas, de outras vezes em traje esvoaçante.

É interessante notar que o Espírito quanto mais atrasado mais facilmente é visto pelo médium vidente. E vejamos que se assim acontece ainda hoje, mais verdadeira é a afirmativa com relação ao passado. Daí o motivo por que os nossos avoengos não precisavam inventá-los: viam-nos, sentiam-nos e com eles conversavam. Quanto mais atrasado o Espírito, mais grosseiro o seu Perispírito.

A resposta de um Mentor dada a Allan Kardec, revela que o Espírito é matéria, porém quintessenciada, sem analogia para nós, e tão etérea que escapa inteiramente dos nossos sentidos, razão pela qual precisa de um corpo — o corpo espiritual de que nos fala o Apóstolo Paulo, ou perispírito, segundo Kardec, para ser visto por nós.

Quanto à forma, Kardec lhe fez a seguinte pergunta:

— P. "Os Espíritos têm forma determinada, limitada e constante?"

— R. "Para vós, não; para nós sim. O Espírito é, se quiserdes, uma chama, um clarão ou uma centelha etérea".

— P. "Essa chama ou centelha tem cor?"

— R. "Tem uma coloração que para vós vai do colorido escuro e opaco a uma cor brilhante, qual a do rubi, conforme o Espírito é mais ou menos puro" (L. E. item 88).

Em mensagem constante do livro "Fotografando o Invisível", de J. Coates, o Espírito diz:

"O que obtiveste, João, não é o que sou, mas o que eu era e o que recordava de mim nestes últimos dias. Não posso explicar-te de outra maneira. Quando pensamos que temos a forma que tínhamos na Terra, o fluido etérico condensa-se em torno de nós e rodeia-nos, como um envoltório. Estamos dentro dessa substância, como no éter, a qual é atraída para nós; e os nossos pensamentos do que éramos produzem não só a nossa vestimenta, mas também amoldam as nossas formas e aspectos. Estamos governados por leis e que aquilo que lhes dá (aos fotógrafos) são retratos materiais nossos e não tal como somos na vida de Espíritos".

Como se vê, em resumo, no Mundo Maior o Espírito também possui o equivalente (mal comparando) à sua carteira de identidade.

Necessário se faz, portanto, tenhamos desde aqui a nossa "Fé de Ofício" limpa e o imposto de renda moral pago no devido tempo, a fim de que não nos sejam cobrados no outro lado do "tenebroso" rio. Lá, como aqui, não temos onde e como nos ocultar ou fugir do cumprimento do dever perante Deus e o Mundo. Nossa luz, azulada ou escura, nossa individualidade, não se confundirá com a de outro Espírito. Somos hoje e seremos sempre nós mesmos.

De Onde Viemos?

Sempre apreciei o estudo sobre a origem da raça humana. É que acredito firmemente na ancianidade do homem. Não lhe dou 10 ou 20 mil anos apenas, porém milhões, vez que, segundo os estudos geológicos, há mais de quinhentos milhões de anos a vida começou na Terra. É muito tempo, mas este orbe tem, no mínimo, cinco bilhões de anos.

Anos passados o pesquisador Louis Leakey e sua esposa Gym Mary encontraram na África um fóssil — o Zinj — calculado pelo Carbono 14 e outros processos em cerca de dois milhões de anos. E mais recentemente, em 1974, o antropólogo americano — Donald Johanson — descobriu no deserto de Afar, Etiópia, África, um fóssil do sexo feminino, com 40% de ossos intactos, com a idade de 3,5 (três e meio) milhões de anos, mostrando ter sido um ser bípede, primo do homem, o qual recebeu a denominação de "Australopithecus afarensis", isto é, da região de Afar. A esse fóssil foi acrescentado o nome de Lucy, em homenagem a uma canção dos Beatles com o mesmo nome, e que era cantada no acampamento dos pesquisadores.

Outros cientistas também descobriram na América do Norte um fóssil de 120.000 anos. Na China foram descobertos em cavernas depósitos de cinza de 360.000 anos, demonstrando que nessa época o homem já dominava o fogo.

Segundo o abade Henri Breuil, um dos abalizados arqueólogos europeus, o homem começou a fazer objetos de pedra há 800.000 anos, embora sem muita inteligência. Todavia, há 400.000 anos já se diversificam as habilidades e ele começa então a desenhar nas rochas da caverna em que se abriga. Sente o desejo de adornar a "casa" e se inicia nos ritos funerários, muito restritos, embora, demonstrando acreditar noutra vida.

Enquanto isso, Emmanuel nos diz através de Francisco Cândido Xavier:

"O princípio inteligente, para alcançar as cumiadas da racionalidade teve de experimentar estágios outros de existência nos planos da vida. E os protozoários são embriões de homens, como o selvagem de vossas regiões ainda incultas é o embrião dos seres angélicos. O homem, para atingir o complexo de suas perfeições biológicas na Terra, teve o concurso de Espíritos exilados de um mundo melhor para o orbe terráqueo".

"O vosso mundo era então povoado pelo tipo "Primata Hominus" dentro das eras da caverna e do Silex e essas legiões de homens singulares pelo seu assombroso e incrível aspecto se aproximavam bastante do "Pithecanthropus erectus", estudado pelas vossas ciências modernas como um dos respeitáveis ancestrais da humanidade".

E mais adiante:

"Os animais são irmãos inferiores dos homens. Eles também, como nós, vêm de longe, através de lutas incessantes e redentoras, e são, como nós, candidatos a uma posição brilhante na espiritualidade. Mas a racionalidade humana se processa fora da Terra, dentro de condições e aspectos que não vos posso descrever, dada a ausência de elementos analógicos para as minhas comparações".

"Todos nós já nos debatemos no seu acanhado círculo evolutivo. São eles os nossos parentes próximos apesar da teimosia de quantos persistem em não o reconhecer".

Ora, se, homens que somos, temos essa idade, avaliemos como Espíritos, vindos das mais baixas camadas, simples e ignorantes. É preciso que todos saibamos desse pormenor, a fim de que possamos combater o orgulho e a vaidade que ainda reinam em cada um de nós. Somos realmente Espíritos velhos, caminhando para a racionalidade Superior. E a dor sob as suas diversas modalidades é que nos tem despertado e empurrado para a frente através dos tempos.

Dos Vedas Aos Nossos Dias

Quem tiver a ventura e a paciência de folhear os livros que nos descrevem a história das velhas religiões, com seus enganos e prejuízos, e avaliar calmamente a evolução das crenças e da compreensão humanas, ao chegar ao capítulo referente à Doutrina Espírita, não deixará de soltar, pelo menos para si próprio, a célebre exclamação do geômetra Arquimedes, de Siracusa: "Eureka! Eureka"! — Achei a religião verdadeira!

Desde as antigas religiões védica, druídica, mosaica, anímica, mazdeísta; desde as mitologias da Índia e da Grécia; desde o aparecimento das primeiras lendas do dilúvio universal; de Tiamat, a deusa revoltada e Vichnu, que se tornou peixe; desde esse passado longínquo e fabuloso, que o homem se esforça na busca de uma religião que lhe esclareça o porquê da vida e da morte.

Ansioso por decifrar os arcanos de sua existência, o homem viveu o Totemismo, o Tabuísmo, o Fetichismo e outros ismos. Foi adorador de Aton — o deus Sol, no Egito; ocultista com Hermes Trismegisto; invocador de Espíritos e adivinho com os sacerdotes da Caldéia; adorador de imagens com os sacerdotes da religião babilônica-assírica; usou a zoolatria com os indus védicos; a astrologia com os gregos; foi adorador da trindade Brahma-Vichnu-Siva, no Industão; asceta com Buda; cultivador de Mitos com Numa Pompílio e monoteísta com Moisés.

De fé inabalável com Jesus Cristo, ou positivista com Augusto Comte, o homem sempre se preocupou, não obstante os disfarces de alguns, com os problemas da vida e do após morte do corpo físico. São, como se vê, uma crença e uma preocupação que vêm da pré-história, comprovadas pelos monumentos, pela conservação dos corpos já sem vida, pela paleontologia, pela arqueologia.

Na Antigüidade a ignorância levava os crentes à prática desnecessária à adoração do Criador, e fazia, ainda, com que eles se julgassem criaturas privilegiadas, vivendo num único planeta habitado, crendo que as estrelas distantes seriam pequenos focos luminosos criados por Deus apenas para adorno do Céu e gozo visual dos homens. Acreditavam em um Deus ou em muitos deuses protetores e zelosos da ambição de alguns povos em detrimento de outros.

Porém, depois das pregações de Jesus, revividas pelo Espiritismo, a humanidade já sabe que é lei do Pai Eterno que a cada um será dado segundo as suas obras; que o homem colherá somente aquilo que houver plantado.

Daí porque o cristão verdadeiro, o que põe em prática os ensinamentos do Cristo, sem vaidade nem orgulho, mas cônscio do seu valor como partícula criada por Deus, poderá dizer: "Deus é o meu Pastor; Jesus o meu Mestre. Portanto, vencerei".

O ensinamento deixado pelo Cristo é o de que se deve adorar a Deus em Espírito e Verdade, porque fora disso há idolatria que já não é para os nossos tempos. O tempo dos atos inúteis, simplesmente para impressionar o público, já não tem cabimento. Daí porque a religião capaz de conduzir a alma humana ao Criador tem que levar a uma fé que não seja apenas aparência, mas sim a certeza do que lhe trará o futuro.

As religiões do passado foram rústicos preparativos de adoração. A do futuro facultará ao homem o conhecimento de si mesmo para fortalecer sua reforma íntima, ao ponto de poder curar as suas próprias enfermidades, as do corpo e as da alma e trabalhar sempre para o progresso do mundo e pela felicidade de todas as criaturas, indistintamente, sem preconceito de nenhuma espécie.

Felizmente, grande parte da humanidade vem despertando e já está compreendendo essas coisas. Daí a razão por que as lendas e mitos já não apresentam o interesse de outrora, da mesma forma como haverá de desaparecer tudo quanto não for lógica indiscutível, bom-senso, doutrina viva.

É levado, assim, o homem à Doutrina Espírita, que não é obra terrena, mas parte das revelações progressivas e salvadoras, dadas por Entidades de elevadas categorias espirituais. Doutrina de luz e amor, que a cada dia mais se firma no conceito da sociedade, porque é através dela que o homem saberá de onde veio e para onde vai, porque é rico ou pobre, feliz ou desgraçado. Ensinando a lei de reencarnação ou de vidas sucessivas, convoca a todos para a construção de um mundo melhor, uma vez que seremos nós mesmos os seus futuros povoadores.

Entretanto, a exemplo de Jesus que não veio revogar as leis de Deus, mas dar-lhe cumprimento, o

Espiritismo não nos foi dado para destruir a fé de ninguém e sim fortalecê-la; não veio para a derrocada do que o próprio homem construiu através dos milênios, mas para forçar uma reforma moral consentânea com o grau progressivo da Ciência dos nossos dias.

    Estudemos, pois, a Doutrina Espírita — a Religião do Presente e do Futuro — "Doutrina de Amor e Luz, Ciência, Fé e Consolação" — que nos dará plena alegria de viver.

Como Nascem as Religiões

Quem quiser que não dê valor aos pálidos albores do pensamento religioso dos nossos antepassados. Eu já não penso assim. Tenho-os como o despertar da consciência moral e espiritual do homem e por isso dedico-lhes algum estudo.

Os gregos desejaram dar uma explicação do mundo e criaram os mitos com seus atos heróicos; os africanos, os seus orixás e outros personagens agindo de algum modo; os caldeus tiveram o "grande Espírito" — Baal; os persas — Ormuz e Arihman; outros povos, já bem depois dos gregos, tiveram os seus deuses: Osíris, Ísis, Hórus, Vichnu, Siva, Brahma e muitos outros entre os egípcios, citas, íberos, pelasgos etc.

E que ninguém menospreze o feiticeiro africano, todo paramentado, encantador de serpentes. Sua fé em protetores espirituais é patente e vem de tempos imemoriais.

Até mesmo a superstição — que não adotamos, bem se vê — é um pouco de fé em alguma coisa. Mesmo aquele que se diz ateu — "espírito forte"— vive, embora sem o revelar, em permanente estado de dúvida. E a dúvida é meia crença.

Mas anterior a tudo isso é o totemismo, ou crença nos tótens. Porém, que é tótem? Segundo os etnólogos, o tótem é "espécie animal ou vegetal, ou determinado objeto de que tomam o nome certos grupos primitivos, levados pela crença num laço de filiação entre eles e esse animal, planta ou objeto, que eles devem respeitar, evitando matá-lo, comê-lo ou destruí-lo".

"No totemismo individual, também chamado manituísmo, o tótem é espírito tutelar do indivíduo" (Peq. Dic. Bras. da Língua Portuguesa).

Já aí, superstição ou não, está a crença num poder invisível, que aos poucos vai se tornando religião.

O etnólogo Getúlio César, através de dois artigos no "Jornal do Comércio", do Recife e no "O Potí", de Natal, de julho de 1955, cita duas interessantes lendas indígenas, sendo uma dos índios Fulniôs, de Águas Belas, e outra, dos Pancarus, ambas as tribos do interior de Pernambuco.

Contam os índios Fulniôs, que se salvaram das águas de um dilúvio, porque souberam com antecedência desse cataclismo através de comunicações de seus pajés mortos. Aos sinais descritos nas comunicações, transformaram-se em animais diversos, em árvores, em minérios, em coisas que as águas adventícias não puderam exterminar. Depois que as águas baixaram, desencantaram-se, voltando aos seus estados. Por gratidão e respeito aos seres que os livraram da morte, passaram a estimá-los religiosamente.

Sobre os Pancarus, diz o escritor citado: "Acreditam eles que os espíritos dos seus mortos, encantam-se, transformam-se em pedra quando desejam proteger parentes e amigos, como uma espécie de metempsicose. A comunicação dessa tutela é recebida pelos protegidos quando dançam o praiá. Na celebração dessa cerimônia, quando religiosa, para cumprimento do ritualismo da tribo, alguns índios que fazem parte da dança, recebem manifestações espirituais, são atuados por espíritos que descem para os proteger.

"O espírito protetor diz ao seu protegido onde pode ser encontrado em forma de pedra. Discrimina em que lugar o tutelado encontrará a pedrinha com os característicos que são relatados pelo espírito protetor.

"Depois das cerimônias do praiá, o índio vai ao lugar exposto e lá, no recanto indicado, a pedra com o tamanho e as indicações relatadas é encontrada. Essa pedra será daquele dia por diante, o amuleto santo do índio que o encontrou, e tomará o nome do espírito protetor que nela figura."

Como se vê, em tudo entra a comunicação com os Espíritos dos mortos. E esses Espíritos continuam se manifestando aqui como em outros países das três américas.

O totemismo constitui, talvez, a primitiva forma religiosa, parecendo-nos mesmo que o ateísmo é atitude recente de algum excêntrico, de alguém que desejou, por qualquer motivo, ser ou parecer diferente das demais pessoas. A Humanidade, em todos os tempos, sempre acreditou num mundo espiritual e numa Entidade Superior criando e dirigindo tudo.

O Elogio da Velhice

Depois de completarmos os setenta anos nossa vida é outra coisa. Há quem lamenta enfrentar os achaques comuns à idade; os que reclamam da solidão, e existe quem se desespere e dê "ás-de-vila-diogo" da vida. Tudo porque não se prepararam para recebê-la, a exemplo dos aposentados que não buscaram pelo menos uma pequena ocupação útil para combater o ócio, os dias vazios, e o jeito é vaguear pelas ruas cansando-se.

Mas, analisando melhor, todos reconhecerão, por fim, que alguma coisa mudou, embora não saibam explicar ou pormenorizar os fatos.

O além dos setenta anos é uma fase da vida que por tradição chamam-na de ancianidade, decrepitude etc. Porém, em verdade, deviam denominá-la de serenidade, ou idade do bom-senso, da visão ao longe. Visão espiritual, é claro. A não ser que uma doença grave tire do indivíduo a faculdade de raciocinar, ver bem, locomover-se livremente, ou outros males que lhe tragam grandes sofrimentos.

Essas anomalias, no entanto, podem aparecer nos jovens, e muitas vezes crianças já vêm ao mundo da carne com lamentáveis falhas, que em alguns casos lhes fazem parecer velhas.

Precisamos reconhecer, porém, que há jovens com a visão para muito além dos setenta anos, e por isso não cometem os enganos da imaturidade. Pelo contrário, procedem como se estivessem vivendo ao mesmo tempo nos dois planos de vida — o material e o espiritual — ou no topo de um monte e vissem tudo ao seu redor a dezenas de léguas.

Em tudo isto, no entanto, o que realmente vale é a mocidade do Espírito, a valorização do bom-senso, a visão mais ampla da vida.

Depois dos setenta anos o mundo para nós toma novo aspecto. Já não torcemos pelo time mais forte, mais agressivo, porém pelo que apresenta maior valor técnico, isto é, mais sabedoria.

Depois dos setenta anos respeitamos os homens realmente sábios na ciência material mas nos curvamos humildemente perante aqueles que na ciência moral se movimentam no mundo sem ser do mundo.

Não mais invejamos os mais capazes nos diversos setores da vida, porém lamentamos nada ou quase nada termos feito para igualá-los, restando-nos apenas orarmos no sentido de que eles sejam sempre vitoriosos e nós, em vida futura, possamos ser um deles.

Depois dos setenta anos agradecemos a Deus tudo com que Ele nos favoreceu, desde a nossa criação à última oportunidade de aprender, até às mais simples coisas que nos ajudam a caminhar para o Alto e para Ele. Não por uma simples formalidade mas por reconhecermos que, realmente, não somos capazes de acrescentar uma polegada à nossa estatura, como nos advertiu Jesus.

Quando passamos dos setenta anos olhamos a vida

com outras lentes e por isto pesamos mais do que nunca o valor da simplicidade. Quem é simples sabe muito bem medir o seu valor e o seu peso, sua importância e capacidade de realização. Não se firma em mentiras nem promete o impossível. Se faz favor ou se ajuda alguém não busca o interesse.

Quem já não é simples do berço ou por educação, ao passar dos setenta haverá de chegar a isso, por comprovar a inutilidade dos gestos bruscos, das pavonices passageiras, das arrogâncias improdutivas.

Nessa idade os homens, em sua maioria, já não se deixam escravizar pelo dinheiro, conquanto não o possam dispensar no todo. Amam cada vez mais os jovens, embora nem sempre sejam amados por eles.

Depois dos setenta anos o mais intransigente dos homens aguarda apenas uma oportunidade para fazer as pazes com seus adversários, por reconhecer em Jesus, que nos recomendou essa providência imediata, o Mestre de Vida Eterna.

Alguém, em jornal espírita publicou uma prece que se inicia assim:

"Senhor, ensina-me a envelhecer. Convence-me de que a comunidade não me faz nenhum agravo se me vai exonerando das responsabilidades, se não solicita mais a minha opinião, se escolhe outros para ocuparem o meu lugar..."

A humildade é o cartão de visita dos que têm mais de setenta anos, é a compreensão da vida que a velhice nos traz. E quem compreende a vida, quem a aceita como realmente é, não se preocupa com a morte, por considerá-la libertação e, em seguimento, mais luz no seu caminho. Portanto, envelheçamos com o Pai Eterno, para quem a velhice não conta nem recebe impedimento. O que vale é o constante esforço em busca da perfeição.

O Elogio da Humildade

A importância de ser humilde é a mesma de compreender a vida. E quem compreende a vida também é humilde... Não há nisso nenhum infantilismo e muito menos idéia de servilismo ou baixeza moral, que tem outros significados, porém algo de estudo ou observação do valor de uma alma simples, sem pretensão às grandezas mundanas passageiras.
Aquele que é humilde serve sempre e serve bem, sem pretender ou esperar recompensa. Serve por amor à ordem, ao bem-estar e à felicidade de todos. Serve por compreender o valor de ser bom. Serve para valorizar a vida, pois vida sem trabalho é vida inútil, assim como humildade não é inferioridade.
Uma grande poetisa chilena, prêmio Nobel de Literatura 1945, numa de suas célebres páginas, testemunhou:
"Toda a natureza é um anelo de "serviço". Serve a nuvem, serve o vento, serve o mar. Onde houver uma árvore para plantar, planta-a tu; onde houver um erro para corrigir, corrige-o tu; onde houver uma tarefa que todos recusam, aceita-a tu. Sê quem tira a pedra do caminho, o ódio dos corações e as dificuldades dos problemas. Há a alegria de ser sincero e de ser justo; há, porém mais que isso, a formosa, a imensa alegria

de servir. (...) Não te seduzam as obras fáceis. É belo fazer tudo o que os outros se recusam a executar. Aquele critica; este destrói; sê tu quem serve. O servir não é próprio de seres inferiores. Deus, que nos dá o fruto e a luz, serve. Poderia chamar-se: O Servidor".

Sem jamais ter lido essa maravilhosa poetisa chilena, um cidadão na rua em que moro, adota essa mesma filosofia de servir. Ou melhor, de bem viver. Se os trabalhadores da Limpeza Pública não cortam ou arrancam a grama que nasce entre as pedras do calçamento junto ao meio-fio em frente de sua casa, ou não removem o lixo, rotineiramente posto para isso, ele mesmo, pacientemente, faz toda a limpeza e transporta tudo para um terreno baldio não muito longe de sua casa. E toma essa providência não apenas para o que estiver na frente de sua residência, mas também na de duas ou três casas vizinhas. E faz mais: não rara vez, pessoas displicentes, preguiçosas, maldosas mesmo, jogam-lhe na calçada resto de construção e muitas vezes lixo comum. Ele, porém, o servidor humilde, embora sabendo de onde partiu o malfeito, nada reclama. E, como se aquilo houvesse caído do céu, ele com inexcedível alegria, providencia a limpeza à maneira de quem recebe um presente ou lhe tivessem dado algo para divertimento.

Esse cidadão não é visto na igreja católica, nem no templo protestante ou Centro Espírita. Ninguém, praticamente, sabe a sua religião. Mas ele obra religiosamente, cristãmente. É, como se diz, ir mais além da craveira, da vulgaridade humana, como recomendou Jesus aos seus discípulos, quando do Sermão do Monte, segundo Mat. 5/38-48.

Eis porque a importância de ser humilde e de servir é a mesma de compreender a vida. Para que nascemos neste mundo senão para aprendermos vencer os maus pendores, desbastarmos as arestas do nosso espírito, lutarmos contra o demônio do orgulho e o monstro do egoísmo que trazemos de insondáveis existências ocultas nas cinzas do passado?

Compreender a vida é conformar-se com a sua insipidez, quando todo o esforço se torna inútil para removê-la. Quem compreende a vida não põe termo ou encurta a sua permanência neste mundo, por mais que sofra. A Natureza é tão bela, este sol que nos ilumina e aquece é tão confortador, que todo o pensamento bom que se envie ao Criador ainda é pouco como agradecimento por nos haver criado e posto aqui, ofertando tudo que nos rodeia e vemos para o nosso deleite e aprendizado.

Humildade e Compreensão andam juntas. São asas que nos permitirão alçar vôo aos Planos Superiores. Foi para os humildes, para esses que servem, o elogio, a exaltação de Jesus: "Graças te dou, ó Pai, Senhor do céu e da terra, que ocultaste estas coisas aos sábios e entendidos e as revelastes aos pequeninos" (Mat. XI-25).

A humildade é beleza rara: é planta poucas vezes encontrada nos jardins da soberbia humana. Todavia, vale o esforço em cultivá-la, regando-a muitas vezes até com lágrimas. Belas flores e bons frutos virão depois.

Provas da Sobrevivência

Para o idealista, o maior prazer é passar a outrem aquilo que ele julga ser a verdade. Por isto prosseguimos na exposição dos ensinos dados pelos Espíritos, como auxílio ao trabalho que eles vêm mantendo, imperturbavelmente, por vontade do Pai Celestial, a fim de que a fé dos homens se mantenha acesa na sobrevivência da alma.

E nada melhor para fazê-la permanecer viva do que o estudo e a observação dos diversos fenômenos mediúnicos, comprovados pelos cientistas, de poder o Espírito deixar temporariamente o seu corpo material nos casos de catalepsia (fenômenos de bilocação) e outros; aptidão de ver sem os olhos (criptoscopia); rememorar o passado com o auxílio do hipnotismo e do magnetismo (criptosmnésia); transmitir o pensamento sem os órgãos vocais (telepatia); ouvir sem os ouvidos (lucidez auditiva) e, até mesmo em alguns casos constatados por cirurgiões, viver sem o cérebro ou com este parcialmente destruído.

A independência do Espírito com relação ao corpo somático comprova-se também pelos vários fenômenos supranormais de levitação, escrita, voz direta, visões, psicografia, línguas estranhas (xenoglossia); fotografia psíquica, aparições materializadas com o auxílio do fluido nervoso de um médium (ectoplasmia), etc.

Mas os experimentadores que de tudo isso tiveram sobejas provas, ainda não satisfeitos, inventaram uma formidável quantidade de aparelhos complicados, a fim de que fossem pesados, medidos e escutados esses agentes do mundo invisível. Balança, galvanômetro, magnetômetro, eletrômetro, electroscópio, termômetro, pesa cartas e outros instrumentos, e obtiveram resultados surpreendentes na verificação dos fenômenos espíritas.

É sabido de toda gente que esses fenômenos são tão velhos quanto a humanidade e por isso é errado afirmar que a Doutrina Espírita foi inventada pelo Sr. Allan Kardec. Este apenas fez a compilação ou codificação dos ensinos trazidos até nós pelos Espíritos, iniciando, assim, o estudo dos fenômenos e chamando para eles a atenção dos estudiosos. Foi, permitam-nos dizer, a repetição do episódio histórico do ovo de Colombo nos tempos modernos, pois precisou apenas que um homem tivesse olhos de ver e inteligência de entender, para que os fenômenos fossem investigados, catalogados e postos ao alcance de todas as inteligências.

Todavia, embora a nossa firmeza na divulgação da Doutrina Espírita, é claro que não temos a presunção de converter a todos os Tomés destes tempos difíceis, porque muitos deles nem mesmo vendo acreditariam.

Mas, conforta-nos saber que para os estudiosos a aceitação da Verdade Espiritualista não é tão difícil. Assim é que um dos mais cépticos porém dos mais estudiosos e honestos — o Dr. Charles Richet — fisiologista de fama mundial, bravamente confessou:

"De começo não quiseram admitir nem a circulação

do sangue, nem a aviação, nem a telepatia, nem a telefonia, nem os micróbios. E, então, quando Crookes trouxe provas formidáveis, riram-se. Ah! E eu também ri com os outros. Hoje, depois de ter visto o que vi, muito dificilmente, enfim, e muito laboriosamente, reconheço que Crookes tinha razão, e bato nos peitos, dizendo: "Pater peccavi".

"A oposição sistemática contra o psiquismo, disse o Dr. Carlos Imbassahy, não é mais do que a continuação de um programa geral, que é a oposição a todo o progresso".

E para que esse progresso estacionasse, concluímos, (desejo apenas dos contrários), corpos foram destruídos, bibliotecas incendiadas e a liberdade sofreu empeços. No entanto, a Verdade Espiritualista cada vez mais se patenteia. Não importa que um Júlio César mande queimar uma biblioteca inteira em Alexandria, ou que algumas centenas de livros espíritas transformem-se em cinza numa praça pública de Barcelona. O certo é que os fatos espíritas existem e existirão sempre enquanto Deus não resolver o contrário.

Razão e Fé

Essa questão de fé é coisa realmente interessante. Jesus deu-lhe muita importância ao ponto de asseverar que se o discípulo tivesse fé pelo menos do tamanho de um grão de mostarda removeria montanhas.(Mat. XVI 14 a 19).

Os nossos irmãos protestantes têm-na de tal maneira que já se consideram salvos; não precisam de mais nada. Os católicos têm-na igualmente forte e diversificam o modo de prová-la: as promessas aos santos, as velas acesas nos lugares de adoração, as procissões, os sacramentos, a freqüência às igrejas por devoção em determinados dias da semana, do mês, e de vários outros modos. Os muçulmanos provam-na fazendo orações em determinadas horas e visitando sua cidade santa, Meca, todos os anos ou pelo menos uma vez na vida. Os sacerdotes lamaístas do Tibete (ramificação do budismo), usam escrever as suas orações, pô-las num moinho à entrada dos templos ou ao longo dos caminhos e enquanto elas giram os devotos passam aos seus afazeres comuns em casa ou no trabalho. Muitos dizem que a intenção é o que vale, e nós respeitamos a crença alheia; apenas mostramos como praticam a fim de pesarmos a nossa.

A "Pequena Enciclopédia de Moral e Civismo",

referindo-se à Fé, diz que o termo é empregado em muitas acepções que poderiam ser divididas fundamentalmente em profanas e religiosas.

E de fato. Existe fé e boa fé. E há também por aí afora muita fé desleal, pérfida (fé púnica, por exemplo), muita testemunha de má fé, muito demagogo que não merece fé, muita fé religiosa que ultrapassou o bom-senso, muita superstição travestida de fé, a exemplo dos horóscopos fabricados nas redações dos jornais apenas para contentar os leitores crentes na influência dos astros em sua vida particular, embora eles estejam distantes da Terra milhões de anos-luz.

A fé do cangaceiro Lampião (Virgulino Ferreira), além de pô-la no bom funcionamento de suas armas e na sua pontaria, era nos bentinhos que trazia pendurados ao pescoço, talismãs esses que não lhe evitaram sofrer a pena de Talião, aplicada pela Força Policial que o perseguia.

Ester Ferreira Viana Calderon, no seu livro "Religiões, Mitos e Crendices", pag. 349, também se manifesta sobre a fé espírita:

"O Espiritismo será o consenso universal. Ele não é uma Fé absoluta. Ele é uma contribuição absoluta para a Verdadeira Fé".

Allan Kardec não menospreza a fé verdadeira. Sobre esta ele escreveu páginas memoráveis e constam do livro "O Evangelho Segundo o Espiritismo". Entre outras coisas ele diz:

"A fé carece de uma base, que vem a ser a inteligência perfeita daquilo em que se deve crer. Para crer não basta ver, preciso é principalmente compreender. A fé cega já não é deste século; ora, foi justamente o dogma da fé cega que produziu o maior número de incrédulos".

E mais adiante:

"A fé raciocinada, aquela que se estriba nos fatos e na lógica, não deixa nada obscuro. Crê-se porque se tem certeza, e só se tem certeza porque se compreendeu. Aí está por que ela não se altera, pois a fé inabalável é somente aquela que pode encarar a razão face a face em todas as épocas da humanidade. A esse resultado é que conduz o Espiritismo."

Fé é a confiança ilimitada naquilo que não se pode provar. O Espiritismo, no entanto, tem provado o que afirma, tanto pelo lado moral quanto pelos fatos, pelo surgimento dos fenômenos espirituais em toda a parte, e não apenas em suas instituições, permitindo, deste modo, aos seus adeptos poder dizer que crê não apenas pelo que lhe disseram mas porque viu, sentiu, tocou. Fé reforçada, portanto.

Sim, nessa fé inabalável é que caminha o espírita. Fé na sobrevivência da alma, na evolução incessante, nas vidas sucessivas para poder limar as arestas de sua centelha imortal. Fé no Bem incorruptível, no Amor desinteressado, na fraternidade sem fronteiras, na Espiritualidade Superior, destino de todas as almas nobres. Fé em Deus que nos mostra a Sua existência, justiça, bondade e poder através de Suas obras maravilhosamente distribuídas por todo o Universo.

Razão e Fé

Eu creio, tu crês, ele crê. No entanto,
fé muda e cega, puro fanatismo,
que leva o crente a pavoroso abismo,
é crença de ranger de dente e pranto.

No mundo há muitas crenças. No entretanto,
crer em inferno, crer em ritualismo,
infalibilidade, dogmatismo,
é estender sobre a Verdade um manto.

A fé exige apoio e entendimento,
coerência, razão, conhecimento...
— fogo de palha não derrete pedra!

O Espiritismo, visto à luz dos fatos,
clareia a nossa fé e os nossos atos...
— em mente sã insensatez não medra!

Os Extremos

Queiramos ou não, vivemos sob a influência dos extremos, isto é, dos elementos contrários: frio, calor; noite, dia; bem, mal etc.

No entanto, os latinos já asseveravam que a virtude, ou bom-senso, está afastada dos extremos: "In medio stat virtus". Buda — o Iluminado — pregava que "O Caminho do Meio" é o que conduz à Perfeição e a extinção dos sofrimentos.

Mas, em se tratando de crenças, nem é a toda hora que podemos localizar o bom-senso, porque de um lado está o fanatismo e do outro o cepticismo e o ateísmo. Esse paradoxal excesso é tal que nos Estados Unidos existem associações de ateus, assim como centenas de seitas, acompanhando a Índia onde há mais de um milhar.

O fanatismo domina a massa espiritualmente desprevenida, mas jeitosamente preparada pelos mentores encarnados — líderes — os quais, por outro lado, são cegos guiando outros cegos, na expressão evangélica.

O fanatismo é um dos perigosos extremos. Se me fosse dado escrever sobre ele, teria mais coisa a dizer do que disse antigo escritor sobre as mentiras convencionais da civilização.

É o fanatismo que traz de tempos em tempos, tragédias como o suicídio coletivo na Guiana ou o profetismo cômico à maneira dos "Borboletas Azuis", de Campina Grande, na Paraíba, com os Jim Jones e Roldão Mangueira iludindo massas insanas.

Quantas vezes os visionários de toda parte já anunciaram o fim do mundo, ninguém até agora foi capaz de contar. O mundo, no entanto, continua firme na sua marcha, sem se desviar um milímetro de seu roteiro, e assim continuará pelos séculos afora. Todavia, os fanáticos não se convencem disso e vez por outra voltam a anunciar o seu extermínio. Os obsessores invisíveis levam-nos a isso e eles nem sabem.

Há uns quarenta anos, quando eu dispunha de um pedaço de coluna num jornal leigo natalense, recebi uma descompostura de um padre e uma censura verbal de um protestante, justamente porque me referi a esse despreparo das massas. Para eles, fanáticos não são os que obedecem cegamente os falsos profetas, mas os seguidores de Allan Kardec, que estudamos o Espiritismo à luz da razão e dos fatos.

Na outra extremidade dos absurdos, estão o cepticismo e o materialismo, quando não o ateísmo puro.

Os cépticos desejam de imediato encontrar uma porta aberta, embora falsa, que lhes dê entrada no Céu. Nem sequer levam em conta o despreparo e o pouco merecimento de cada um. Não sabem, porém, por não terem lido os livros da Codificação Kardequiana, que os Espíritos puros não nos podem dizer exatamente como se apresentam aos seus olhos as cores e os fatos da vida além do plano físico, tanto por falta de analogia na paisagem terrena, como de palavras adequadas ao nosso entendimento.

São duas tonalidades, duas vibrações de difícil, senão impossível ajustamento. Não há comparação possível.

E os Espíritos em atraso que nos precederam na volta a esse mundo, ainda muito menos têm capacidade para tanto. Allan Kardec em "OBRAS PÓSTUMAS", adverte os incautos sobre isso, porque: - "Aquele que vem da terra fala da terra" (João 3-31).

Perguntar-nos-ão, possivelmente:

— "Sendo assim, qual as vantagens ou os motivos da manifestação espírita?"

Ao que nós respondemos, segundo a Doutrina revelada:

— A manifestação espírita foi e ainda nos está sendo dada para comprovação da imortalidade da alma e, diante dessa certeza, cuidarmos a tempo da nossa reforma moral — claudicante, quase sempre — e prepararmo-nos para o regresso ao mundo espiritual, a qualquer momento que formos chamados. A fim de que não suceda lá cairmos em choro e ranger de dentes. E ainda para ensinar-nos todas as coisas, segundo o prometido por Jesus. (João 14-26).

Do contrário, voltaremos a este mundo de expiações e provas, tantas vezes quantas forem as nossas transgressões das leis divinas.

O Eterno Presente

Se, aproveitando algum momento de lazer, olharmos o céu em noite de limpidez profunda, e se recordarmos o que aprendemos nos bancos escolares a respeito desses pontinhos luminosos a que chamamos de estrelas e que piscam para a nossa sensibilidade ótica, avaliaremos emocionados, por certo, pelo menos um pouquinho, a grandeza da obra divina, presente em todos os tempos e lugares.

Que maravilha é a Natureza! Mas, em verdade, espaço e tempo para a Divindade são coisas que não apresentam preocupações, porque são infinitas. E bem verdade é, também, que a inteligência humana é incapaz de avaliar ou de abarcar o verdadeiro significado desses termos superlativos, assim como para compreender a natureza do Único e Eterno Deus. E por isso é que às vezes tentam dar-lhe um significado materialista, julgando-o à Sua imagem e semelhança.

E assim, diante de todo esse embaraço, mas de raciocínio em raciocínio e no intuito de remover as nossas dúvidas e apreensões, interrogamos a nós mesmos:

— "Se Deus não fosse eterno, quem o teria criado? Se o espaço não fosse povoado de astros em toda a sua extensão que haveria além da última estrela? Para além do além? E depois? Se a vida não fosse eterna, sem fim, para que serviria toda a nossa preocupação em viver bem no presente?"

Por fazer parte desse conjunto de coisas criadas por Deus, a alma humana também é detentora da vida eterna. Mas dentro dessa lei que rege o destino das almas, a vida é o eterno presente. Daqui a um milhão de anos ou de séculos, o Espírito estará sempre presente ante si mesmo e perante o Criador. Estará sempre caminhando para alcançar o mais alto píncaro e mais outro da infinita cordilheira da Espiritualidade, sempre no desejo incontido de caminhar para a frente e para o alto, porque sempre haverá mais um píncaro a atingir.

Porém, para ser adquirido todo o bem espiritual, preciso se faz o concurso da firme vontade. Assim é que para haver mérito, o Pai Celeste, depois de haver-nos criado simples e ignorantes, deu-nos a liberdade de seguir o caminho do Bem ou do Mal. Somos, deste modo, timoneiros do nosso próprio barco.

A vida é um eterno presente e neste presente é que precisamos pensar e agir, pois o futuro só se tornará grandioso com o concurso do dia de hoje. Não deve, portanto, haver de nossa parte a menor vacilação a respeito dos grandes projetos que nos possam beneficiar em qualquer tempo.

Esperar de braços cruzados que o futuro lhe seja favorável, tem sido o grande erro de grande parte da humanidade. Existe quem espere que o Céu dê tudo. E somente ao chegar à velhice é que chegam os lamentos, as imprecações, quando, na verdade, fomos nós mesmos que descuramos do trabalho útil no devido tempo.

Trabalhemos, pois, no dia de hoje, enquanto há claridade, plantando em nós e fora de nós a semente da árvore do Bem e do Belo, a fim de que possamos colher em qualquer tempo os bons frutos espirituais, vez que a vida, por ser eterna, leva-nos a precisar dos frutos e da sombra amiga da árvore plantada por nosso amor.

Do burilamento que dermos hoje ao nosso EU, dependerá a nossa valorização no dia de amanhã. Portanto, não devemos passar a outrem os encargos e os cuidados daquilo que somente a nós compete — a salvação, ou seja a felicidade futura.

Corriqueira advertência, é bem verdade. Todavia, embora todos saibam disso, não são muitos os que a cumprem. Basta-nos olhar o elevado número de delinquentes, viciados, preguiçosos e outros que o mundo nos apresenta.

Eis porque há necessidade de procurar o despertar de todos aqueles que na ilusão do sonho nada fazem em benefício próprio ou da coletividade, a fim de que as futuras encarnações não os encontrem despreparados.

Mártires da Fé

Se estudarmos com a necessária atenção a História da Humanidade, particularmente a vida dos grandes filósofos, ou incompreendidos inspirados, bem assim a vida dos chamados santos, muita coisa de influenciação espiritual encontraremos.

Entretanto, vale ressaltar que muitos dos sinais de mediunidade não foram registrados pelos modernos tratadistas, no indisfarçável propósito de não oferecer reforço à teoria da manifestação espírita.

Necessitamos, por isto, de ir buscar nas velhas e escondidas estantes os livros antigos, muitos deles estragados pela traça, desde que alguns intolerantes teimam em mantê-los ocultos da moderna geração, a fim de que a Verdade não seja conhecida de toda a gente.

Descoberto o que se procura, verificar-se-á que o intercâmbio do Céu com a Terra sempre existiu, velada ou ostensivamente.

Entre os grandes médiuns do passado iremos encontrar Sócrates, que foi acusado por invejosos políticos e adversários religiosos de comunicar-se com um Espírito familiar e corromper a mocidade que o escutava em prolongados serões. E é confortador verificar que mesmo sabendo que daí viria a sua condenação, corajosamente, em amor à Verdade, o ilustre filósofo grego confessa aos seus juízes:

"Freqüentemente, em muitos lugares, tendes ouvido dizer que sou guiado por uma certa influência divina e espiritual; e é a isso que Mélitus, por zombaria se refere em sua denúncia. Essa influência começou na minha infância, qual espécie de voz que, quando a ouço, me distrai do que estou fazendo, mas nunca me irrita. Foi ela quem se opôs a que me envolvesse em política".

E mais adiante: "Comigo, oh! juízes, dá-se uma coisa estranha. A voz profética de meu divino protetor costuma em todas as ocasiões, mesmo tratando-se de coisas banais, opor-se a que eu cometa uma injustiça".

Sócrates acreditava também na Unidade Divina e na Reencarnação. Foi dos grandes precursores da Doutrina Espírita. Médium desde a idade dos treze anos — nasceu em 1412, de nossa Era — foi também Joana D'Arc, a virgem francesa que, sob a inspiração dos Espíritos, ofereceu-se ao rei Carlos VII para lutar contra os ingleses. Sendo aceita, deu ânimo às tropas sob seu comando e combateu com feliz resultado os inimigos de sua pátria.

Feita prisioneira, foi sob pretexto de criatura diabólica e feiticeira, que os ingleses, com a cumplicidade do clero romano então dominante, levaram-na aos tribunais e condenaram-na a ser queimada viva, crime esse que se realizou aos 30 dias do mês de maio de 1431.

Joana D'Arc, na realidade, foi uma grande médium. Há quem creia que a grande mártir francesa tenha sido a reencarnação de Judas Iscariotes. E, na verdade, a virgem de Domremy passou pelas maiores injúrias, não obstante as suas boas intenções de fazer da França uma grande nação e dar aos franceses uma idéia de pátria, começando o seu martírio com a prisão pelos borguinhões e depois vendida aos ingleses por dez mil francos de ouro. Terminou na fogueira que libertou o seu Espírito das misérias terrenas.

Os mártires da fé e da livre manifestação do pensamento foram centenas de milhares ou talvez milhões. Desde Sócrates, antes citado, 400 anos antes de Jesus Cristo, até o tcheco João Huss no ano de 1415; desde Jesus, o Cristo, o meigo Rabi da Galiléia, até o espanhol Miguel Serveto, queimado vivo no ano de 1553, em Genebra, Suíça; desde as célebres cruzadas até a famigerada inquisição. Todos foram vítimas da ignorância, do egoísmo, da intolerância, do fanatismo e da inveja.

E se hoje não mais se crucifica nem se queima o adversário, não é mais por não haver quem o deseje, mas porque os processos de extermínio são outros, como outros são os tempos.

Muitos homens conservam ainda instintos animalescos. Mesmo sob o acalanto da Declaração dos Direitos do Homem e a inteligência humana penetrando o núcleo do átomo, há países em que a religião é livre apenas pra o adepto da religião dominante, oficial. Mesmo nestes tempos de viagens espaciais a luta religiosa continua, como no tempo de Catarina de Médicis, na França do século XVI e da noite de São Bartolomeu.

Contraditória civilização esta nossa!

O Culto aos Mortos

Observando as multidões comparecendo aos cemitérios para homenagem aos mortos, com algumas pessoas queimando velas ou colocando flores nos túmulos, ou simplesmente fazendo uma prece diante deles, lembramo-nos do que nos contam os autores da História das Religiões e outros velhos documentos sobre esse culto milenar.

Até o dia em que através do profeta Isaías (I-11 e seguintes), o Senhor Jeová, guia do povo hebreu, se declarou farto de vítimas e holocaustos, a ignorância humana imolou milhares, senão milhões, de seres — animais e homens — em louvor dos deuses.

O sangue era considerado a vida e, portanto, indispensável aos próprios deuses, segundo os crentes. Era costume entre os diversos povos, inclusive os mais atrasados — os selvagens — a oferta aos mortos comuns e aos considerados deuses, de animais domésticos, escravos, homens e mulheres, jovens de ambos os sexos, alimentos, bebidas, barcos para os transportarem nos rios e mares do outro mundo.

A morte de um rei dava motivo para também serem mortos seus cães, cavalos, camelos, concubinas, escravos, cozinheiros, copeiros e outros servidores e, em alguns casos, até a rainha seguia-lhe as pegadas.

No túmulo não faltavam, sequer, armas, utensílios, vestuário, jóias etc. Eis porque numerosos túmulos egípcios e de outros lugares foram profanados.

As pesquisas arqueológicas têm confirmado isso que os antigos registraram em livros.

Assim aconteceu na Grécia, no Egito, na Pérsia, em Roma etc. Toda a Antigüidade viveu esse culto e as crenças exóticas eram o comum daquela época. Aliás, não faz muito tempo que na Índia as mulheres de algumas seitas eram obrigadas a praticar o suicídio quando se tornavam viúvas.

Os egípcios enchiam os túmulos de pinturas para que os Espíritos se distraíssem e para orientá-los na "longa e tenebrosa" viagem ao além e juntavam mais um exemplar do "Livro dos Mortos". Houve até quem não se esquecesse de pôr junto ao morto um par de galochas e um guarda-chuva, fio e agulha, pente, sabão e pão, água, vinho e dinheiro para que ele pudesse pagar a Caronte a travessia do rio Estígio, antes de entrar nos "Infernos" (Mit. grega).

Em Tilia-Tepe, no Afeganistão, os arqueólogos encontraram, em sete tumbas antigas 20.000 objetos de ouro. Isso aconteceu no ano de 1978 e talvez encontrem mais.

Mas de que maneira começou tudo isso?

Com a crença nos Espíritos em face de suas manifestações às vezes maléficas, nasceu o culto aos deuses e às almas dos que morriam. Medo e respeito ao mesmo tempo, sem faltar aqui e ali, um pouco de interesse, disfarçado ou não.

"Todavia, nem todos os Espíritos que se manifestavam eram benéficos — diz A. Lobo Vilela.

Também os inimigos, depois da morte, continuavam a sua perseguição atroz com ódio implacável. A necessidade de atrair uns e repelir outros, impunha-se. O mágico surgiu, então. Foi ele o precursor do padre. A sua missão consistia em atrair as influências favoráveis com sacrifícios e presentes propiciatórios, repelindo as influências maléficas com exorcismos e esconjuros".

E foi assim, pouco a pouco, que o culto aos mortos se complicou, evoluindo com as crenças. Porém, a partir de 1857, com a Revelação Espírita e sua Doutrina Codificada, tudo vem se esclarecendo. Não mais velas acesas para clarear o caminho da alma liberta, nem oferendas ou sacrifícios. Apenas uma prece sincera ao Grande Senhor dos Mundos e seus assessores, entre os quais Jesus que se destaca como orientador dos habitantes deste Globo.

Consciência desperta e assente no Bem, é que consegue luz própria, necessária ao caminhar eterno em direção ao Criador de tudo e de todos, é o de que precisamos agora e sempre.

A Crença de Cada Um...

E aconteceu que um grupo de adeptos de determinada seita surgiu na cidade e imediatamente se instalou num vasto salão de edifício público, com uma bem organizada exposição de livros, fotografias, cartazes, filmes etc., para a qual canalizou elevado número de curiosos.

Casualmente, passando pelo local, visitamo-la também e assinamos o seu livro de presença, no qual se pedia déssemos o nosso endereço, impressões etc.

Tudo bem, até então. Mas ocorreu que dias depois, em momento que menos esperávamos, dois profitentes da referida crença religiosa batem à porta de nossa casa e, depois de bem recebidos, expuseram o motivo da visita e nos perguntaram sobre a possibilidade de nos tornarmos um dos seus filiados.

Embora certo de que nenhuma outra doutrina nos afastaria daquela codificada por Allan Kardec, respondemos, inspirado no sábio de Lion: "Se a filosofia que os senhores me apresentarem for melhor do que a Espírita, que abraçamos há dezenas de anos, não haverá dificuldade em aceitá-la. Pelo menos nos parece que um dos pontos básicos da crença defendida pelos senhores é a manifestação dos Espíritos, pois, um dos quadros que observamos na bonita exposição que os amigos instalaram, apresentava um cidadão ajoelhado de mãos postas e olhando para o alto, onde se viam claramente dois Espíritos surgindo das nuvens, magnificamente iluminados..."

Nessa altura da entrevista, fora como se todo o trabalho, tudo o que Maria fiou, tivesse sido carregado por grande enxurrada dos primeiros dias de inverno, porque os visitantes, postos que aturdidos e decepcionados, atalharam de pronto:

— "Oh! Não! Não eram Espíritos, não! O que o senhor viu foi o quadro representando o exato momento em que DEUS e um ANJO se tornaram visíveis ao nosso Chefe, a quem abençoaram e recomendaram a fundação de nossa Igreja. A nossa religião foi fundada pelo próprio Deus; nada de Espíritos, dos quais não queremos saber.".

Também nós, por nossa vez, dissemo-lhes que não aceitávamos o citado fenômeno como visão direta do próprio Deus. E para melhor esclarecer o nosso ponto de vista, e justificar a nossa negativa ao convite formulado pelos entusiásticos religiosos, tivemos de expor-lhes em ligeiras palavras a Doutrina Espírita, vez que os fracassados catequistas mostraram-se desejosos de transferir para ocasião mais favorável a discussão do assunto que os trouxe à nossa casa. Mas não voltaram e o diálogo não prosseguiu e, em verdade, não poderia prosseguir mesmo se eles voltassem. Como se vê, há quem admita a materialização do próprio Deus, Anjos, Maria, Jesus, mas quando se fala em comunicação de Espíritos, o fenômeno é impossível e o assunto é considerado tabu, não se fala mais nele.

Colocar o Incriado em pé de igualdade com as suas

criaturas, é onde está o engano de muita gente. Ora, Deus a nada pode ser comparado: a inferioridade do homem não tem capacidade para defini-lo. No máximo, conhecemos alguns de seus atributos, pois os próprios Espíritos Superiores puderam dizer a Allan Kardec, apenas, ser Deus a Inteligência Suprema, a causa primária de todas as coisas.

Deus não é a própria Natureza, conquanto se revele ao homem através de Suas obras. É certo que a Bíblia diz haver Deus se manifestado em pessoa aos patriarcas e profetas. Mas esse mesmo livro cita a todo momento o nome do deus Jeová, guia e protetor do povo israelita, a fim de que fosse feita distinção dos deuses dos outros povos que habitavam o Oriente.

O Deus Universal, criador de todos e de tudo, não pode ser visto por qualquer pessoa, é merecimento que está acima das nossas cabeças. Tudo porque Deus é imaterial, incorpóreo, sem forma e não tem semelhante. Os Espíritos, ao contrário, por serem matéria quintessenciada (L. Ê. 82), podem adquirir uma forma para manifestarem-se aos homens. E é o que tem acontecido.

O próprio Moisés, que teve o alto merecimento e capacidade de chefiar um grande povo, num tempo bárbaro, e ser o intermediário da Primeira Grande Revelação Espiritual que propiciou formidável reforma moral no mundo, nega seja possível a visão direta de Deus, face a face (Êxodo 33/20).

Daí porque o homem não pode ser a imagem e semelhança do Criador, como muita gente julga. Como pode a matéria ser a imagem do Imaterial e Incorpóreo?

No entanto, cada olho humano observa

diferentemente as coisas. Precisamos, todavia, ter paciência com os homens e tolerância com as suas crenças, partidas, algumas vezes, da ignorância das coisas divinas, mesmo porque até agora poucos tiveram a sorte de conhecer a Doutrina Espírita.

Esperamos, assim, que a Codificação Kardequiana penetre em todos os lares, abale todas as consciências, ilumine todos os cérebros. Mas se isso não acontecer em pouco tempo, fiquemos certos de que a lei irremovível que levará cada um a vadear o "grande e tenebroso rio", dará a todos um dia o conhecimento da Verdade. Compete-nos ter fé e esperar, dado que a lei de evolução, conquanto lenta, é infalível.

Ainda assim, já é tempo de adorar a Deus em Espírito e Verdade.

Opinião e Doutrina

Vez por outra leio de alguns confrades a notícia, com base não sei em qual ou quais mensagens, de que a partir do ano 2.000 teremos uma revolução espiritual das mais violentas; que os Espíritos aqui encarnados e outros já libertos da carne, mas persistentes no mal, serão transferidos para mundos de graus muitas vezes inferiores ao da Terra. Houve mesmo quem anunciasse a aproximação de um colossal planeta que ao se confrontar com o nosso atrairia todos os Espíritos que ainda se achassem em atraso moral-espiritual. Esses exilados passariam a viver em lugar de tanto sofrimento que faria inveja ao decantado inferno de Dante Alighieri.

De minha parte e através de minha pena, entretanto, essa fogueira jamais receberá uma acha de lenha para manter-lhe ou aumentar-lhe as chamas. Basta-nos a mentira do supliciador lugar que a mitologia nos deixou e que ainda hoje faz tremer ridiculamente a muitas criaturas ingênuas e sugestionáveis.

Ora, Deus para reformar a humanidade tem suas leis e por isso não precisa se transformar num violento revolucionário. E as leis se apresentam sábias e eternas. Não se transformarão do dia para a noite por mais desejem os homens. E a lei de Evolução, incessante que é, conduzirá toda a gente ao reino do Pai, sem abalo visível, agindo devagar e sempre. Eis porque um dia chegaremos ao extremo do caminho, se é que haverá um termo para a evolução do Espírito.

Aliás, para conserto dos nossos erros nada melhor do que este mesmo chão que há séculos foi apelidado de "vale de lágrimas". E se ele a cada dia está se tornando pior, a culpa não é dele nem do Criador mas nossa, exclusivamente nossa. Temos feito tantos males a este mundo que não nos sobra direito algum de irmos perturbar os habitantes de outros globos, talvez inferiores em categoria espiritual.

Mesmo, só poderemos pesar e medir os nossos desacertos se aqui permanecermos sofrendo-lhes as conseqüências junto aos nossos comparsas nos crimes que temos praticado.

Caim, tirando a vida de seu irmão Abel, segundo o simbolismo bíblico, é o atestado de que o nosso atraso vem de muito longe, é um exemplo de que a maldade humana é um fato histórico.

Talvez haja alguém pensando que Deus está com pressa em transformar isto aqui num paraíso. Nós é que devemos nos apressar reformando-nos, para não chegarmos a pior estado.

Tenhamos consciência, porém, de que a Terra é a nossa escola. Isto mesmo tem-nos dito vários Espíritos de elevada categoria. Cumpre-nos, portanto, o dever de tornarmo-nos bons alunos, atentos, estudiosos interessados no bom rendimento das lições de moralidade e espiritualidade que elas nos possam proporcionar, e obedientes às instruções que o Mestre nos legou e continua nos assistindo através dos seus mensageiros. E ainda, de acordo com mensagem amiga que nos chega às mãos, "procuremos descobrir a grandeza e sabedoria do Eterno, que vai pondo tudo nos seus lugares e comandando a marcha das coisas. E a Ele devemos agradecer o dom da vida com a doçura da paz e o prazer da alegria e felicidade, ou ainda, com a lição útil da dor e da bênção renovadora do sofrimento..."

Deixemos de lado os avisos de terror dos falsos profetas, por que Deus nos criou para a luz e a luz espiritual é todo o Bem, Paz, Sabedoria, Amor, Felicidade.

Que Temos Feito de Nossos Ideais?

Verdade é o que afirma o padre Antônio Tomaz no seu famoso soneto — "Contraste" — quando diz que no vigor dos anos as Esperanças vão conosco à frente, mas na velhice são os Desenganos que nos acompanham.

Na mocidade, temos tudo para triunfar na vida. Porém, que fazemos? Quase sempre jogamos fora as oportunidades. É quando vem a propósito a Parábola dos Talentos, narrada por Jesus, segundo Mateus XXV - 14 a 30 e que deveria constituir motivo para freqüente revisão dos nossos atos.

No entanto, caminhamos pela estrada da vida atabalhoadamente sem pensarmos nos talentos recebidos, nas sementes do Bem que Deus nos pôs às mãos para que plantássemos nos terrenos disponíveis e férteis e que são imensos, a fim de que as árvores daí surgidas, dessem frutos e sombra aos viajantes que nos sucedessem em jornadas nem sempre felizes.

Todavia, é de observar-se que quase sempre lamentamos a situação em que nos encontramos e não reparamos ter sido nossa negligência no passado recente ou distante que ditou o atual estado. É que não soubemos fazer render os talentos recebidos enquanto éramos jovens.

As oportunidades e os legítimos meios para triunfarmos no mundo nos são dados desde os albores de nossa existência neste planeta. É certo que o sucesso talvez se obtenha poucas vezes na vida. Contudo, as oportunidades de consegui-lo são muitas. Fomos nós que não soubemos estimar-lhe o valor ou não nos esforçamos em desvendar-lhe os mistérios e passamos a lamentações improdutivas, diante do fracasso dos nossos sonhos, dos nossos desejos.

Invejamos, não poucas vezes, os que triunfam nos negócios, nos estudos e noutros setores da existência. Todavia nem sempre nos esforçamos suficientemente até à realização dos nossos ideais. Ficamos a sonhar, apenas, ou, quando muito, damos um ou dois passos em busca desse triunfo.

Seja como for, o fato é que os talentos nos foram postos às mãos desde o dealbar de nossa vida, de nossa inteligência, de nossa capacidade de compreensão ou raciocínio.

Que temos feito deles? Poucos os têm utilizado com real proveito, com elevada sabedoria a exemplo de São Francisco de Assis, de Gandhi ou mesmo Helen Keller. Mas infelizmente muitos os transformaram em miséria, em flagelo para a Humanidade, como Gengis Kahan, Átila, Lampião, Hitler.

Com os divinos talentos, o homem deveria criar mais bem-estar para a Humanidade. Contudo, o que mais se tem visto é o abastardamento da inteligência, é a cópia servil de usos e costumes ridículos, de imitação do vício e do crime.

Dentro de nós, porém, dormita energia — são os nossos ideais. Somos como uma pilha que não se gasta assim tão facilmente. Bem pelo contrário, mais se carrega de energia se soubermos alimentá-la de força de vontade, boas intenções, boas obras.

Que se agite, pois, em nós, essa força interior, desde que não é de todo ilusão o brocardo: — "Enquanto há vida, há esperança".

Descobertas Arqueológicas
— Os Essênios

À Europa e ao Oriente pega bem o cognome de "Velho Mundo". A Macedônia, a Grécia, o Egito, a Palestina, então, têm comprovado, através de achados arqueológicos, o que vagamente fala a História.

As ruínas das superpostas cidades de Tróia, os túmulos reais de Micenas, Pilos, Egito e outros lugares; as ruínas dos vários palácios e mosteiros ali e acolá; os manuscritos dos três primeiros séculos do Cristianismo, descobertos no Egito, tudo aos poucos nos vai mostrando o que foram, o que pensaram e como viveram os nossos antepassados mais recentes.

No norte do deserto de Judá, entre o Mar Morto e as montanhas sobre que se elevam Belém, Hebron e Jerusalém, estão as ruínas de alguns edifícios do que hoje tem o nome de Khirbet Qumrãn, e que anteriormente se chamou Gomorra, a cidade bíblica de triste memória.

Junto a essas, as ruínas de um mosteiro que pertenceu aos essênios, uma das principais seitas judaicas.

Certo dia do ano de 1946, um jovem beduíno de 15

anos saiu à procura de uma cabra tresmalhada, numa encosta situada a dois quilômetros do mar e um quilômetro de Khirbet Qumrãn. Ao passar, porém, por uma gruta — uma simples abertura de 2 metros de largura por 8 de comprimento — teve a curiosidade de jogar uma pedra. Esperou o eco e ouviu o ruído de qualquer coisa quebrando-se.

Sonhando com tesouros ocultos, Adh-Dhib — este o seu nome — chamou um companheiro e juntos penetraram na gruta, onde encontraram 11 rolos de pergaminho cobertos por uma substância parecendo piche e que era, na verdade, couro decomposto. Esses manuscritos quase que imediatamente foram vendidos a antiquários de Jerusalém, os padres do mosteiro ortodoxo sírio de São Marcos e outros interessados. Os judeus americanos e o Vaticano dispenderam vultosas quantias na sua aquisição.

Tratam-se de cópias de manuscritos do profeta Isaías, um comentário sobre o profeta Habacuc, os Salmos de Ação de Graças da seita "Nova Aliança" e o texto da "Guerra dos Filhos da Luz contra os Filhos das Trevas".

Foi imenso e geral o interesse por esses manuscritos. Basta dizer que mais de mil livros e artigos já lhe foram consagrados, pelo motivo de datarem desde o início do século I a C. até o ano 68 de nossa era, quando o mosteiro foi invadido pelos soldados da Décima Legião de Roma.

Julga-se que antes dessa agressão romana, os religiosos essênios transportaram para a gruta o que havia em sua biblioteca, inclusive os manuscritos em apreço. E como os seus habitantes foram exterminados ou fugiram, os arquivos permaneceram na gruta até os nossos dias, isto é, mais de 1900 anos. Em algum tempo, porém, a gruta foi visitada por ladrões, dado que havia no local mais de 50 jarras quebradas.

Depois desse achado de Khirbet Qumrãn, outras 15 grutas foram exploradas e grande quantidade de manuscritos foi encontrada, inclusive a Bíblia completa. Muitos deles, porém, não foram trazidos ao conhecimento público, permanecendo o seu conteúdo em segredo. Sabe-se, apenas, que estão aí incluídos os chamados livros "apócrifos" e outros, num total de 332 obras de antes e depois da Era Cristã.

A seita dos essênios, em Qumrãn, compunha-se de cerca de 200 membros, principalmente de homens solteiros. Tinham sacerdotes, anciãos, praticavam o batismo, havendo semelhanças e dessemelhanças com os ensinamentos de Jesus.

No entanto, Emmanuel à página 106 do livro A CAMINHO DA LUZ, diz: "Muitos séculos depois de sua exemplificação incompreendida, há quem o veja (a Jesus) entre os essênios, aprendendo as suas doutrinas, antes do seu messianismo de amor e redenção. O Mestre, porém, não obstante a elevada cultura das escolas essênias, não necessitou da sua contribuição".

Allan Kardec, na Introdução de O Evangelho, também se expressa:

"Não há provas de que Ele (Jesus) fosse filiado, sendo hipotético tudo quanto se escreveu a esse respeito".

Também existe quem creia que João Batista, o Precursor, haja tido alguma relação com essa seita judaica. O que nos parece, todavia, é que Jesus, embora haja conhecido as diversas seitas judaicas, inclusive a dos essênios, a nenhuma se filiou, e sim atuou em faixa própria, cumprindo, apenas, intuitiva ou conscientemente, a missão que o Pai lhe confiara antes de baixar a este planeta.

Seja como for, aguardemos, pacientemente, não obstante já passados mais de 50 anos dessas descobertas, a tradução e a publicação desses documentos históricos, a fim de que possamos saber, com menos obscuridade, mais alguma coisa sobre aqueles tempos da maior importância para os cristãos.

(Bibliografia: Maurice Bell in: "Druidas, Heróis e Centaurus"; Emmanuel: "A Caminho da Luz"; Allan Kardec, "O Evangelho Segundo o Espiritismo"; Don Wharton — "Seleções do Reader's Digest — Junho de 1956).

Vidência Cá e Lá

As notícias dadas pelos jornais da época a respeito de o Papa Pio XII, quando de sua enfermidade no mês de Dezembro de 1954, ter visto Jesus Cristo, fazem-nos lembrar de outra publicada por uma revista italiana e transcrita em vários periódicos do mundo, onde se dizia que o Espírito do Papa Pio X havia aparecido ao Cardeal Pacelli às vésperas deste ser eleito para a chefia da Igreja Católica Romana.

Ambas as notícias, pelo que nos consta, não sofreram desmentido, mesmo porque inicialmente foram publicadas por órgãos oficiosos do catolicismo.

Os fenômenos não espantam aos espíritas e creio que nem mesmo aos católicos, visto que sempre se ouve falar nas aparições de Maria Santíssima, mãe de Jesus. Apenas não se tinha notícia de aparições confirmadas de Jesus fora daquelas citadas pelos Evangelhos. A dificuldade está, a nosso ver, em saber como o Papa Pio XII reconheceu a Jesus, dado que não existe fotografia nem pintura da época em que Ele viveu entre nós em corpo físico. As pinturas que existem são imaginárias.

Há notícias de que Santa Terezinha também viu ou conversou com o Mestre. Nada confirmado, porém. Pelo menos não temos notícias de livros que atestem o que se diz por aí afora.

A mediunidade de vidência é comum, e o Sr. Allan Kardec a ela se referiu em seus livros, principalmente em "O LIVRO DOS MÉDIUNS". Como toda faculdade mediúnica, a vidência pode ser permanente ou passageira. O indivíduo pode tê-la na infância e perdê-la para sempre, ou passar toda a vida sem observar um só desencarnado à sua frente e, inesperadamente, já no leito de morte, ter a visão psíquica aguçada, a ponto de ver todo um mundo espiritual a sua volta. Sabemos de vários casos assim.

O mais agudo caso de vidência é aquele em que o sensitivo passa a ver Espíritos usando concentração ou sem ela. Conhecêramos uma jovem vidente assim, extraordinária. Concentrada, ela via os Espíritos que por acaso se encontrassem ao seu lado ou de outra pessoa, na escuridão ou na claridade. Muitas vezes sem concentração alguma e nem desejar, sequer, via tão nitidamente que tinha medo. Pelo menos por duas vezes tivemos provas da mediunidade dessa jovem de 14 anos de idade.

Outro caso destacável é o de um vidente de Fortaleza (Ceará), citado no livro "A Caravana da Fraternidade", de autoria do Professor Leopoldo Machado. O paciente via Espíritos independentemente de sua vontade. E observava coisas horríveis, entre as quais a visão do Espírito de um político que fora assassinado pelas costas e pedia vingança contra o autor e o mandante do crime que o retirara do plano físico. Isso se repetiu até o dia em que à força de preces a Deus e a Jesus lhe foi tirada a vidência.

Videntes há que se comunicam com os Espíritos

tão perfeitamente como se estivessem diante de criaturas encarnadas. Pessoas que assistiram a sessões com o médium Flores, em Minas Gerais, contam-nos maravilhas de sua vidência. O português Fernando de Lacerda foi outro vidente famoso. Através dos tempos não nos seria possível contar o grande número de videntes verdadeiros, pois sempre existiu a mediunidade.

Por isso o fenômeno é negado por uns mas testificado por outros. O fato que se nega hoje será aceito amanhã. E em verdade, cremos que será através da mediunidade, do fenômeno espírita, que as religiões um dia se unificarão, ou pelo menos se unirão com um só objetivo para a conquista de um mundo melhor. Embora pequeno, o progresso nessa direção já vem sendo observado. Os sinais desse tempo já estão chegando, aqui e ali, para que se cumpra a profecia de nos tornarmos um só rebanho sob as ordens de um só Pastor — Jesus Cristo.

A tese espírita tem sido atestada pelos fatos ocorridos em toda parte. E a sensibilidade psíquica, numa palavra, a vidência de dois chefes da Igreja Católica vem em nosso apoio e é um dos sinais dos tempos de que nos falam os livros sagrados.

Considerações Sobre a Liberdade

Através dos tempos muito se tem ocupado o homem sobre o direito de liberdade e mais ainda se ocupará no futuro, em face dos embates das idéias e das conquistas sobrevindas no caminhar da civilização, muito embora lhe aconteça o mesmo que se verifica com a felicidade: somente é lembrada quando sofre qualquer dano.

A liberdade, que é uma das maiores dádivas de Deus ao homem, já passou por diversas fases importantes. Foi ampla nos primeiros tempos da vida humana, quando imperavam os instintos; depois, esteve em parcial eclipse; adiante, foi se refazendo e readquiriu muito do seu prestígio; posteriormente, porém, de um certo tempo para cá, vem sofrendo novas crises em todo o mundo, por diversos motivos.

Segundo a alegoria bíblica sobre Adão, a primeira coisa que Deus lhe deu depois de formado ser vivente, foi a liberdade. No entanto, esta lhe foi tirada logo após a primeira desobediência. Quer dizer que o homem perdeu a liberdade em face da mesma liberdade recebida. A crise atual no mundo tem essa mesma origem: abuso da liberdade. O homem às vezes escarra nas mãos do benfeitor!

Já das esferas espirituais disseram a Kardec e confirmaram a outros estudiosos, que Deus criou o Espírito simples e ignorante, com liberdade de ação, embora respondendo pelos erros cometidos, tudo de acordo com o progresso adquirido nas diferentes fases da vida.

Por isso, e desde que nem todas as pessoas têm a toda hora um proceder correto, é que o sofrimento se implantou no mundo: nos hospitais com os que não deram valor à higiene do corpo físico; nos asilos de alienados, com os que menosprezaram a higiene da alma e não obedeceram à lei do amor e do perdão; nas penitenciárias, com os que desrespeitaram os naturais direitos do próximo. E o interessante é que ainda assim grande número desses sofredores — os delinqüentes das leis divinas — consideram-se injustiçados. A névoa da ignorância nem sempre lhes deixa ver o erro praticado.

Outra coisa que facilmente podemos observar é que as pessoas pouco afeitas ao bem do próximo, os egoístas, os que têm sede de poder, jamais usam da liberdade com parcimônia e sempre que possível avançam no direito alheio, mesmo sabendo que poucas vezes serão bem sucedidos, (materialmente falando, já que espiritualmente jamais o serão). A exemplo dos revolucionários franceses de 1789, que foram eliminados pelos próprios companheiros de sedição, um após outro até quase nada mais restar, como que cumprindo a sentença de que "quem com ferro fere com ferro será ferido".

É sabido, contudo, que sem liberdade não haverá responsabilidade a atribuir. Porém, liberdade com responsabilidade é o caminho certo que toda gente está obrigada a trilhar, motivo por que não há lógica nos reclamos de liberdade para distúrbios, dissolução dos costumes, avanço nos bens alheios.

Todavia, conquanto tão clara seja essa moral, imprescindível ao bem de todos, muitos não se conformam e exigem o impossível. Assim é que dado escritor francês, idealista e até certo ponto sonhador, advoga a derrubada de todas as Bastilhas, a demolição de todos os presídios, alegando que Deus criou livres todos os homens.

Sim, mas como suprimir as instituições correcionais num conturbado mundo, onde grande parte da população permanece no maior atraso, praticando os maiores crimes contra a sociedade? Como fechar as cadeias se a nossa cegueira espiritual ainda não soube resolver esse grande problema — a delinqüência — que a cada dia se apresenta mais intrincado? Cremos que, se por acaso a sugestão fosse atendida, a vida humana se tornaria pior que a dos lobos. Pelo menos estes não se devoram tão facilmente, segundo afirmam os naturalistas.

É certo que o mundo tem sofrido vezes sem conta a prepotência de malvados que vencem pela força mas não convencem pelos atos. No entanto, quase certo é o ditado de que os homens têm os governantes que merecem.

Antes de serem abolidas as penitenciárias, mister se faz sejam educados e adaptados à vida social todos os delinqüentes, tentando-se, ao mesmo tempo, despertar em todas as pessoas a consciência do que é justo, a fim de que haja respeito ao direito alheio pelo dever e não pelo temor. E essa cruzada educacional é, antes de tudo, missão dada por Deus aos homens mais adiantados em benefício de todos. E deve começar pelos jovens, pois, quando houver um esforço conjugado no cumprimento desse encargo, os Palmelos se multiplicarão e o mundo se tornará numa única cidade moralmente saneada e espiritualizada, sob as ordens do Mestre dos Mestres — Jesus.

Espiritismo no Velho Testamento

Temos mostrado aos leitores, modestamente, as várias manifestações religiosas entre os diversos povos. Até os indígenas citamos.

Agora vamos apresentar, resumidamente, esse livro adotado por incalculável número de pessoas.

A Bíblia — Antigo Testamento — como sabemos, é a história escrita do povo hebreu. E como livro histórico e religioso, não podia deixar de falar sobre as pitonisas, profetas e videntes — os médiuns da Antigüidade.

Acontece que em face de seu volume enorme, os católicos não o lêem e os protestantes acompanham o que ensinam os seus pastores, aprendendo de cor e salteado os milhares de capítulos e versículos, mas apenas os escolhidos — os que lhes convêm — a fim de não serem desviados para outras religiões — a espírita, por exemplo.

Conhecem aquele versículo do qual o legislador hebreu, talvez frustrado por alguma revelação que não foi do seu agrado, proibira a evocação espírita, mas desconhecem aquele onde se diz que "Antigamente em Israel todos os que iam consultar a Deus diziam assim:

"Vinde, e vamos ao vidente. Porque aquele que hoje se chama profeta, se chamava, então, vidente". (I Reis IX ver. 9), e desconhecem também as diversas sessões espíritas feitas pelo Cristo e seus discípulos, antes e depois de sua passagem para o Plano Espiritual, permitindo assim, aos seus seguidores, o contato com os Espíritos, por ser uma necessidade à manutenção da fé e da moral cristã.

Eis porque não sabem os nossos irmãos de outras crenças que aquele livro — A Bíblia — repetimos, é um repositório dos mais completos de notícias sobre a manifestação espírita.

Vejamos a seguinte orientação do Espírito que falava com Moisés:

"Lança mão de Josué, filho de Num, varão no qual reside o Espírito, impõe-lhe as mãos" (I Reis, XVI ver. 13).

E a confissão do médium Zacarias:

"E o anjo que falava comigo voltou, e me despertou, como a um homem a quem despertam do sono" (Zacarias IV-1).

E o revelador diz mais:

"Porém o Espírito do Senhor se retirou de Saul, e atormentava-o um espírito maligno"(Reis XVI - 14).

Vem, então, o médium Ezequiel:

"E entrou em mim o Espírito depois que me falou, e me firmou sobre os meus pés; e ouvi o que falava" (Ezequiel II ver. 2).

Depois, Job cita o seu caso:

"E ao passar diante de mim um Espírito, os cabelos de minha carne se arrepiaram" (Job IV - 15).

Tornar-se-ia enfadonho se fôssemos transcrever

tudo, todas as passagens que atestam a manifestação espírita. Apenas queremos demonstrar que elas se sucederam às centenas e de vários modos. Através de sonhos, escrita automática, levitação, transporte, materialização, voz direta, incorporação etc.

Cuidemos, então, de que nós, os espíritas, estamos seguindo a tradição na parte referente à comunicação espiritual e não temos de que nos arrepender.

Convém, no entanto, uma ressalva: leiamos a Bíblia para conhecermos o que ali se contém. Mas não nos convém seguir aqueles ensinamentos de olho por olho, dente por dente da moral passada, vez que Jesus os derrogou. Deixemos de lado suas guerras e outras agressões e conquistas. Leiamos tudo mas com base no ensinamento do Cristo, retendo apenas o que for bom, como lembrou um dos apóstolos do Mestre.

Ação e Reação

Muito antes que os "Direitos Humanos" fossem votados pela Assembléia Geral das Nações Unidas, em 1948, já o Espiritismo se pronunciara pelas vantagens de sua concessão, não apenas por pregar a moral do Cristo mas em face da lei de causa e efeito, dado os inumeráveis casos de obsessão em todo o mundo.

Toda a Codificação Kardequiana é uma apologia a esses direitos, tudo porque — revelaram as Entidades Superiores e Kardec comprovou — o Espírito humano é um inconformado com o sofrimento, ou melhor, com as aparentes injustiças que recebe, conquanto inúmeras vezes faça sofrer o semelhante conscientemente.

A vítima, quando não evangelizada, ao chegar ao Mundo Espiritual, não pensa noutra coisa a não ser vingar-se dos inimigos deixados neste plano. E a vingança transforma-se em doença mental.

Eis porque fazer justiça, conquistar amigos logo hoje, é prevenir um lugar para a paz no dia de amanhã. Temos até uma pequena trova que diz:

Malquerença, inimizade,
Não busques nunca, jamais;
Dez mil amigos é pouco,
Um inimigo é demais.

Yvonne Pereira em seu livro "Recordações da Mediunidade", referindo-se a lamentáveis ocorrências obsessivas, diz ter observado que não obstante todo o empenho dos médiuns e doutrinadores do Centro Espírita a que ela dera o seu quinhão de esforço durante anos, não foi possível conseguir, algumas vezes, o afastamento dos Espíritos que perturbavam algumas pessoas que solicitavam ajuda espiritual.

Entre outros terríveis casos, cita o de um ex-escravo, cujo senhor lhe mandara decepar ambas as mãos por julgar ter sido ele o autor do roubo de vultosa quantia.

Reencarnado o fazendeiro impiedoso, e depois de haver-se ordenado padre católico, a antiga vítima, já no mundo espiritual, subjugou-o, fazendo-o passar o tempo a escavar o chão duro com as próprias mãos em busca de um tesouro que só existia na sua fantasia mental.

— "Ele possui agora o que sempre ambicionou nos tempos passados, dizia o Espírito perseguidor. Faço-o crer que vive em caverna de ouro, diamantes, esmeraldas, rubis, e que tudo lhe pertence, como se ele fora um rajá das mil e uma noites. Eu não quero que ele seja religioso, quero que seja rico!".

Ação e reação, causa e efeito, ódio e vingança, tudo formando um círculo vicioso, é o que observamos sempre aqui e ali, tudo por falta de caridade nalguns casos e ausência de educação ou reeducação noutros. Consoante o sábio ensinamento deixado pelo Cristo, o criminoso por mais endurecido seja deve ser tratado com amor e justiça, porque todos somos irmãos perante Deus. Se a sua liberdade causa prejuízo à sociedade deve ser o delinqüente mantido em prisão enquanto não se regenerar. Mas em estabelecimento onde possa reabilitar-se através do trabalho digno, perca os maus hábitos, as inclinações infelizes, e aprenda um ofício — se já não o possuir — para não ser pesado a ninguém, nem voltar ao crime ao termo de sua punição.

A onda atual de delinqüência por que passa o mundo — quem sabe! — talvez não seja mais do que desforra de Espíritos inconformados por injustiças recebidas no passado distante.

Diante de tudo isso, não é demais lembrar e seguir Jesus, quando recomenda: "Não resistais ao mal, mas se qualquer vos bater na face direita, oferecei-lhe também a outra; e ao que quiser pleitear convosco, e tirar-vos o vestido, largai-lhe também a capa; fazei bem aos que vos odeiam e orai pelos que vos perseguem e vos maltratam."

O Melhor Lugar

Conta-se por aí afora que certo cidadão, correligionário de um dos nossos Presidentes da República foi-lhe pedir um emprego. Desejava um bom lugar para trabalhar e viver. O Presidente respondeu-lhe: — "O primeiro lugar bom que eu encontrar será meu, por direito lógico; o segundo será seu". Quer dizer que o próprio governante ainda não achava bom o cargo que ocupava.

Éramos três amigos palestrando calmamente. Estávamos, à tardinha, na calçada de um Centro Espírita e perto de nós desciam de um ônibus dezenas de estudantes que chegavam de uma excursão e entravam num educandário classe A. Apresentavam-se saudáveis, alegres e bem trajados, sinais de que eram de famílias de boa situação financeira.

Um dos palestrantes comentou: É por isto que eu não tenho saudade do passado, pois minha infância foi de extrema pobreza. A vida de conforto que aí está é bem melhor, é outra coisa.

— É claro, retruquei. Os tempos são outros e o padrão de vida está melhorando a cada dia. Todavia, eu também nunca tive riqueza. No meu começo tudo era um pouco difícil: os bons empregos, as comunicações, os transportes, a facilidade de ter onde estudar e muitas outras coisas. Ainda assim, bendigo o meu passado de necessidade e luta ingente, e confesso que às vezes tenho saudade de muita coisa dificultosa por que passei, e agradeço a Deus o haver-me posto no lugar em que me acho, sem posição de mando nem fausto. É que Ele — o Pai Justiceiro — sabe pôr-nos onde melhor ficamos situados.

O outro companheiro concordou comigo e disse:

— Eu digo o mesmo e exemplifico porque não quero grandeza: Pelo gênio que tenho, se eu fosse alguém do Governo, alguma autoridade, prontamente interviria em muita coisa que julgo errada e trataria de pôr tudo em ordem, doesse a quem doesse. Não o sendo, estou isento de adicionar débitos à minha conta-corrente milenária, pois talvez procedesse com alguma violência e prejudicasse muita gente que não merecia sofrer.

Não é raro encontrarmos quem se ponha a invejar a vida de outrem. No entanto, a riqueza e a autoridade nas mãos de quem não sabe manejá-las com sabedoria é um perigo, uma provação, quando não uma legítima punição.

No entanto, precisamos de ação. Dizem os naturalistas — e quase toda gente sabe disso — que os animais de hoje são os que no passado venceram as lutas pela vida. Os fracos não se reproduziram. A necessidade de sobrevivência no meio rude os levou a combaterem uns aos outros, a adversidade. Foi a seleção natural, e até hoje ainda existe essa seleção.

Entre os homens existem, atualmente, os concursos para preenchimento de vagas nos serviços públicos e empresas particulares. Os fracos e pouco inteligentes ou que não estudaram, não chegam lá. São estímulos para que os jovens estudem mais, progridam intelectualmente.

No sentido espiritualista, os nossos inimigos são as chamadas "virtudes negativas": os vícios, o egoísmo, a maldade, a negligência, a inveja e outras.

Aquele que nasceu rico talvez jamais venha a saber o que é sentir fome, a falta de remédio necessário ao combate de uma enfermidade, o esforço para desenvolver a inteligência, o estudo para maior cabedal de conhecimentos úteis ao progresso espiritual. Adversidade é estímulo para o melhor, sem invejar a ninguém. Deus, que sabe melhor que nós o que de mais necessitamos, nos coloca no lugar certo, aquele que nos facilitará ajudarmos a nós mesmos e ao progresso do nosso mundo, para em menos tempo chegarmos a ELE — o Amor Supremo.

Os pais de uma criança americana, de dez anos, que se achava à morte, ouviram de seus lábios a seguinte advertência:

— "Mamãe, não chore. Deus sabe o que faz, pois quem garantiria ser eu uma boa moça ao tornar-me adulta? Portanto, é bem melhor que eu parta enquanto é tempo".

E diz o Evangelho, (Mateus 20/20 a 23), que a mãe dos filhos de Zebedeu aproximando-se de Jesus pediu-lhe bons lugares nos Planos Espirituais para seus filhos Tiago e João, e o Mestre lhe respondeu que necessitava em primeiro lugar, que eles estivessem preparados e era para esse preparo as atribulações da vida dadas por Deus a cada um de nós.

Amigos: Se temos nos esforçado no cumprimento dos nossos deveres, conformemo-nos com o que Deus nos tem dado, com o lugar em que nos colocou, e fiquemos certos de que foi o melhor para o nosso aprendizado. Viemos para a Terra por ser o planeta à altura do nosso progresso, nascemos na família que melhor se adaptou à nossa maneira de ser, somos pobres ou ricos, em recursos materiais, de acordo com o grau do nosso merecimento. Esforcemo-nos, portanto, para sermos dignos da confiança em nós depositada pelo nosso Eterno Pai.

Trabalhemos, buscando a concretização dos nossos ideais. Tudo, porém, consentâneo com o que nos foi ensinado por Jesus — o Divino Modelo.

Mortos Vivos

Anos passados os jornais anunciaram que um cirurgião carioca ao fazer uma operação numa paciente entregue aos seus cuidados, teve o desprazer de vê-la morrer por fraqueza cardíaca, mas que imediatamente fez uma incisão no tórax e, aplicando massagem no coração, conseguiu fazê-la reviver oito minutos depois.

Diante de uma notícia desta, por certo, os materialistas sentem-se jubilosos com o sucesso alcançado pelo cirurgião em apreço, pensando com seus botões, que a vida está simplesmente na circulação do sangue em nosso corpo. Para eles nada de alma, nada de vida após a chamada morte.

Efetivamente, se o corpo deixa de servir ao Espírito, este o abandona — "melhor só do que mal acompanhado", diz velho adágio — e toma o destino que lhe for dado por Deus.

Mas acontece que esse caso de volta à vida não foi o primeiro nem será o último. Nos Estados Unidos da América do Norte circulam livros e filmes cinematográficos narrando dezenas de casos, muitos deles naturalmente. A catalepsia faz muito disso. Quem já não leu algo sobre a ressurreição de Lázaro e de outras pessoas narradas pelos evangelistas? O doente é atacado por um mal, desaparecem-lhe todos os sinais de vida ao ponto de muitas vezes preparar-se-lhe o enterro. Porém, quando menos se espera, o suposto defunto acorda, volta a viver. São os mortos vivos.

Não faz muito tempo, eminente clínico, também do Rio de Janeiro, em passagem por Natal, revelou que no Brasil grande número de pessoas são enterradas vivas, em conseqüência de estado cataléptico e desconhecimento desse fato por parte dos que lhe dão assistência.

Ocorre que para determinadas pessoas e de acordo com o gênero de morte, o Espírito não se desliga do corpo imediatamente após a paralisação de certos órgãos.

Certa vez o Espírito Emmanuel, um dos mentores do Espiritismo no Brasil, consultado a respeito da cremação de cadáveres, assunto debatido por algum tempo através dos jornais, deu a seguinte resposta, que também serve para esclarecer o assunto desta crônica:

— "Sentem os desencarnados os efeitos da cremação de seus despojos mortais?

— "Geralmente, nas primeiras horas do "post-mortem", ainda se sente o Espírito ligado aos elementos cadavéricos. Laços fluídicos, imperceptíveis aos vossos olhos, ainda se conservam unindo a alma recém-liberta ao corpo físico; esses elos impedem a decomposição imediata da matéria. E, por esta razão, na maioria dos casos o Espírito pode experimentar os sofrimentos horríveis oriundos da cremação, a qual nunca deve ser levada a efeito antes do prazo de cinqüenta horas após o desenlace. A cremação imediata ao chamado instante da morte é, portanto, nociva e desumana. **Às vezes, segundo a natureza das moléstias que precedem à desencarnação, existe ainda no cadáver inúmeros** elementos de vida. **Daí a possibilidade de, usando de recursos vários e reagentes, a ciência fazer um "morto" voltar à vida".** (Grifos nossos)

Por aí se vê que o cirurgião carioca não fez um morto reviver. Simplesmente num ato elogiável, muito humano, a providência tomada sustou o afastamento definitivo do Espírito.

É louvável o trabalho da Ciência que nos ajuda a prolongar a vida. No entanto, jamais devemos esperar possamos viver indefinidamente na carne. O corpo somático foi-nos dado por roupagem provisória na terra. A lei de evolução assim o exige. Espíritos que somos, estaremos vivos eternamente, no corpo ou fora dele, na caminhada sem fim, sempre buscando o melhor: — Deus, nosso amoroso Pai.

Enganos a Desfazer

Temos escutado de simpatizantes do Espiritismo a desculpa de que não podem segui-lo por incapacidade de cumprimento da elevada moral por ele pregada, moral do Cristo, para que a ninguém seja permitido dizer que a desconhece.

Certo é que mais vale qualidade que quantidade. Todavia, não deverá ser esse o motivo para qualquer simpatizante desanimar no seu louvável intento de tornar-se verdadeiro espírita, pois, a bem da verdade, dentro do movimento espírita há lugar para todos os bem intencionados. A não ser que as suas intenções sejam outras: que em vez de procurar reformar-se, tente a perdição do rebanho.

Bem ao contrário do que julgam os irmãos não afeitos às belezas da Doutrina, essa exigência de reforma moral tem sido motivo de adesão ao Espiritismo de pessoas já possuidoras de indiscutível personalidade, senso moral, dado que nele mais se aperfeiçoam.

Em verdade, todos somos alunos na caminhada vivencial terrena, mesmo porque não há homem perfeito. Todos caminhamos através do tempo à cata da perfeição e seremos socorridos algum dia, desde que desejemos abandonar a estrada do erro.

Saulo de Tarso e Agostinho de Hipona tornaram-se almas elevadas depois de terem compreendido o sentido do viver terreno, ou melhor, o significado da vida e o plano divino de progresso dos seres. Também todos nós que abraçamos a Doutrina bendita revelada pelos Espíritos, venceremos a nossa própria inferioridade que de milênios nos traz sofrimentos sem conta.

Outros, porém, alegam: "Achamos a Doutrina Espírita muito bela mas temos medo". E nós perguntamos: — Medo de quê? Medo do Bem praticado pelos Espíritos que nos aconselham a prática da fraternidade sem fronteiras? Não há o que temer.

Acontece que os Espíritos causam menos mal aos encarnados que nós a eles. Os desencarnados em muitos casos são atraídos pelos nossos pensamentos e não raro somos nós os obsessores. Mesmo assim, em qualquer parte em que estivermos, em casa ou na rua, num Centro Espírita ou numa igreja, estaremos sempre entre desencarnados que nos vêem e nos ouvem.

Temos medo de ir a uma sessão espírita para estudos dos Evangelhos e da Doutrina, reunião em nome de Deus e com a autorização de Jesus (Mat. XVII - 20), porém nem sempre temos receio de andar em lugares escusos, soturnos antros de desonra e vícios, onde os espíritos imundos, verdadeiros vampiros, pululam em busca de mais companheiros, de mais vítimas.

Há mais um engano a desfazer: Não é preciso fazer ou assistir à sessão espírita mediúnica para tornar-se espírita, muito embora para o homem tornar-se sábio é necessário conhecer ou experimentar tudo, ou pelo menos o que lhe for possível. Não se pode criticar o que não se conhece.

Podemos estudar o Espiritismo através dos livros, principalmente os da Codificação e das sessões doutrinárias, com real proveito.

O que o Espiritismo exige, primordialmente, é que o adepto, estudando-lhe a Doutrina estude também a si mesmo em pessoa, se reforme moralmente e, tendo a sinceridade por norma, busque tornar-se um servidor com verdadeiro conhecimento de causa, em seu próprio benefício e de toda a humanidade, na certeza de que "FORA DA CARIDADE NÃO HÁ SALVAÇÃO".

Chagas Humanas — Os Vícios

Tempo houve em que os puritanos se movimentaram afanosamente para destruir os vícios. Imperante na Inglaterra e na Escócia, o puritanismo transferiu-se para os Estados Unidos da América. Aí, as mulheres exaltadas saíam rua afora virando mesas, quebrando copos e garrafas e enxotando dos bares os viciados em bebidas alcoólicas. Depois foi decretada a famosa "Lei Seca" e o fechamento de fábricas desses produtos.

No entanto, isso não conseguiu resolver o velho problema do alcoolismo, pois a importação clandestina de uísque e outras bebidas fortes tornou-se mais ou menos igual ao volume anteriormente fabricado no país.

E nós dizemos: um velho problema. Sim, o alcoolismo é um dos velhos problemas da humanidade. Já nos livros dos hebreus — a Bíblia — encontramos referências a esse e outros vícios igualmente condenáveis. Sodoma e Gomorra são exemplos típicos. Vinhas e vinhos são vocábulos encontradiços em muitas páginas desse e de outros livros antigos. Noé (Gen. cap. 9) plantando uma vinha, embebedou-se e praticou o nudismo, e Ló, (Gen. cap. 19), embebedando-se, praticou incesto com as próprias filhas. Essas atitudes são atestados da fraqueza humana.

De lá para cá os vícios se multiplicaram, expandiram-se, requintaram-se, tomaram conta dos laboratórios e dominaram a mocidade desprevenida. Hoje são dezenas ou centenas, não sei bem. Maconha, morfina, cocaína, LSD e outras drogas malfazejas, dominam o mundo. A famosa cachacinha nacional, com seus numerosos nomes dados pelos consumidores e fabricantes, o menos que faz é impor ao viciado uma cirrose incurável, uma tuberculose galopante, câncer e cegueira, diabete e outras moléstias, sem se falar nos crimes praticados em face de sua atuação. E os outros caminham lado a lado com a mesma fileira de males: o roubo, o sexualismo exagerado, a maledicência, a mendicância... O jogador viciado, diante do pano verde jogaria a própria alma se pudesse fazê-lo.

Todos são prejuízos registrados pelos Espíritos Superiores como desvio do bom senso, como prisões voluntárias e falta de cumprimento da palavra empenhada pelo reencarnante em ter vida sã aqui na Terra.

Todavia, é bom frisar, os Espíritos e os espíritas não combatemos as criaturas em si, que por fraqueza ou ignorância se submetem a essa escravidão, mas sim os próprios vícios. Um viciado é um pobre obsidiado, ou melhor, um obsessor de si próprio e por isto quase sempre está assediado de obsessores legítimos, conscientes ou não — os Espíritos que ainda não perderam os vícios adquiridos em encarnações passadas, quando não são obsessores por vingança em

face de rixas antigas.
É quando se faz preciso lembrar o ensinamento do Cristo: "Conhecereis a Verdade e ela vos libertará". Conhecer os males causados pelos vícios neste mundo e sua continuação no plano Espiritual, é uma necessidade importante para todos nós: — os não viciados, para que se acautelem, e os que vivem presos pelas garras desses inimigos fascinadores e perversos, a fim de que redobrem as forças morais contra eles. Peçam ajuda às forças do Bem e joguem fora as algemas que os mantêm presos aos malefícios. Do contrário continuarão no além-túmulo escravos de entidades malfazejas.

Todos precisamos fazer o melhor agora enquanto é dia, enquanto há claridade moral e intelectual em nosso caminho, pois, quem sabe? a qualquer momento o Mundo Espiritual poderá nos pedir conta do que fizemos no sentido de engrandecimento de nós mesmos, de purificarmos nosso próprio Espírito, de prepararmo-nos para a "Grande Viagem".

Cabe-nos combater os nossos desvios do Bem, as nossas mazelas morais, as fraquezas de nossa alma. Aceitemos os conselhos de Joanna de Ângelis, quando nos diz, a respeito desses inimigos implacáveis:

"Seja sob qual aparência os descubra em ti, não lhes dês tréguas. Se descobrires tendências e inclinações não adies o combate, nem te concedas pieguismos".

Não somos puritanos à maneira dos fanáticos que atuaram nos séculos passados, mas alertamos a todos contra os hábitos prejudiciais, sejam quais forem, por acreditarmos firmemente naquilo que nos tem sido revelado pelas Entidades Superiores que lá do Mundo

Maior velam por nós, interessam-se pela nossa felicidade.

Todos temos energias, forças morais interiores que nem sempre pomos em ação. Utilizemos com real vontade essas virtudes que dormitam em nós e vençamos a fascinação dos vícios, libertando-nos deles para sempre.

Expressões Impróprias

Ao visitar tempo passado determinada instituição espírita, tivemos oportunidade de ler abaixo do nome o seguinte letreiro: "Casa de Oração ao "Deus Vivo". Ficamos matutando, como se diz. Porém, como nossa atitude deve ser a de respeito ao pensamento alheio, nenhuma explicação pedimos aos dirigentes da casa.

Há expressões religiosas que, embora lhes compreendamos o porquê de seu uso na Antigüidade, não a aceitamos de bom grado no presente. Essa que fora proferida pelo Apóstolo Simão Pedro, segundo Mateus 16/16 ("Tu és o Cristo, o Filho do Deus Vivo"), é uma delas.

Deus vivo? E existe ou já existiu algum Deus morto? Que significaria para nós um Deus morto?

Expressões cabalísticas, obscuras, não se adaptam ou se ajustam bem à nossa Doutrina. Mesmo porque, a nosso ver, nada há morto, tudo tem vida de algum modo nos diversos reinos da Natureza, principalmente no Plano Espiritual.

Possivelmente, há dois mil anos essa misteriosa maneira de expressão era corrente, de fácil entendimento entre os hebreus. Hoje, porém, já não tem significado construtivo. Talvez sirva apenas aos ateus e materialistas para justificarem a absurda teoria da morte de Deus. Ainda mais: pregar a existência de mais de um Deus é panteísmo e não Doutrina Espírita.

Outra expressão encontrada aqui e ali nos livros espíritas é "Espírita Cristão" ou "Espiritismo Cristão", como se houvesse "Espiritismo Budista", "Espiritismo Católico", "Muçulmano" etc.

Ora, também a nosso ver, mais aceitável, de acordo com a origem, seria "Cristianismo Espírita", vez que dizemos, amiudamente, que o Espiritismo é o Cristianismo Restaurado, redivivo. Se assim é, como o vacábulo Espiritismo chegou por último, por último deve ficar, devendo-se dizer "Cristianismo Espírita", conquanto o certo seja ESPIRITISMO sem adjetivação ou complementação alguma, dado que os católicos, os protestantes e os ortodoxos, embora sejam de origem cristã, não usam o adjetivo cristão.

De igual maneira, também não aceitamos as expressões "Cartomante Espírita", "Espiritismo de Umbanda", "Centro Espírita de Umbanda", "Baixo-Espiritismo" e semelhantes. Espiritismo é Espiritismo, Umbanda é Umbanda, Cartomancia não é Espiritismo. Todos tiveram origens diferentes, próprias, com o direito sagrado de manifestação.

O vocábulo ESPIRITISMO representa a Doutrina revelada pelos Espíritos e constante de O LIVRO DOS ESPÍRITOS, e outros livros de Allan Kardec, publicados a partir de 18 de abril de 1857. O certo é que a Cartomancia, a Umbanda e outras seguem caminhos diferentes do movimento e doutrina verdadeiramente espíritas.

Volta ao Mundo Livre

Certa vez — vai isso para mais de trinta anos — ia-me afogando durante um banho de mar numa das praias natalenses. Uma onda forte levou-me a um caldeirão (redemoinho) e tive dificuldade em sair dele. A sorte foi que veio outra onda e jogou-me num banco de areia mais além. Depois, safei-me da enrascada nadando noutra direção.

Aconteceu o mesmo com mais dois banhistas na mesma ocasião, levando um deles a beber muita água salgada.

Saído da água e já distante da praia, de volta à casa, pus-me a pensar se não estaria vivendo apenas em espírito, pois a situação fora realmente séria. Belisquei-me para ver se sentia dor e procurei falar com outras pessoas, a fim de comprovar se não estaria enganado, se de fato estava ainda vivo em carne e osso.

Essa ocorrência aflorou-me à memória, agora, ao reler "A CRISE DA MORTE", de Ernesto Bozzano. Cientista de nomeada, esse escritor italiano colecionou centenas de comunicações espirituais, entre as quais selecionou 18 para esse livro a que me reporto. Mestre da arte de expor os pontos básicos da revelação espírita, o Autor conta o que pôde colher do que disseram os Espíritos através dos vários médiuns a diversos pesquisadores e chegou à conclusão de que com pequenas variantes e de acordo com o progresso de cada comunicante — desde que "nenhum peregrino do mundo dos vivos chega pela mesma porta ao mundo maravilhoso dos Espíritos" — todos ao voltarmos à pátria espiritual teremos uma reminiscência sintética dos principais acontecimentos de nossa última existência e uma visão do nosso corpo no leito de morte. Todos ignoraremos, durante algum tempo, que estamos mortos; seremos acolhidos pelos nossos parentes e amigos espirituais, conquanto nem sempre os vejamos imediatamente; passaremos por um período de sono e inconsciência; encontrar-nos-emos num meio espiritual maravilhoso ou opressivo, de acordo com nossa situação moral; achar-nos-emos com a mesma forma humana da última existência; verificaremos que a transmissão do pensamento é a forma de linguagem espiritual, se bem que certos Espíritos recém-chegados se iludam e julguem conversar por meio da palavra; perceberemos os objetos de um lado a outro pelo seu interior e através deles; que, de acordo com o grau de elevação espiritual de cada um, poderemos nos transferir de um lugar para outro, ainda que muito distante, por efeito apenas de nossa vontade, e gravitaremos para a esfera espiritual que nos convenha, segundo a lei de afinidade.

Eis aí o estudo resumido sobre a desencarnação e os primeiros instantes do Espírito no plano etéreo, que o saudoso cientista em apreço nos oferece para a nossa ponderação e despertamento. Há numerosos detalhes secundários que não caberiam num pequeno artigo.

Junto ao dever de permanente luta contra o nosso

atraso moral, esforçando-nos para que a nossa reforma íntima seja compensadora e sem hiato, está a nossa obrigação de constante estudo da revelação, que por misericórdia divina nos tem sido feita pelos nossos irmãos que já se libertaram do corpo carnal.

Às vezes, uma comunicação simples, que certa Entidade banhando-se em lágrimas nos dá, pode servir-nos de despertamento, afastando-nos da ilusão da vida em que estamos mergulhados e levar-nos à realidade da situação em que poderemos nos encontrar no dia de amanhã após o nosso traspasse.

Estudemos, assim, a Doutrina Espírita, a fim de que aprendamos a vadear o "tenebroso" rio e despertemo-nos felizes no outro lado da fronteira deste plano. Se desejamos boa morte procuremos viver hoje boa vida, com base nos Evangelhos do Cristo de Deus.

Viver! Imperativo Categórico

Não faz muito tempo, distinto confrade me perguntava se um Espírito Superior se materializasse em minha presença quais seriam as cinco perguntas que eu lhe faria.

Minha resposta ao amigo foi a de que eu não faria apenas cinco perguntas mas passaria uma semana conversando com ele, pois do Mundo Espiritual nada sei, pelo menos não me recordo de nada, embora haja chegado desse diferente plano de vida há apenas algumas dezenas de anos. Nesse ponto eu sou tanto ou mais curioso que o interpelante. Minha resposta denuncia desejo de ir lá, divisar nesse escuro ou nessa luz intensa o que existe de verdade em tudo que se diz por aí a respeito.

Todavia, não obstante esse desejo de conhecer as particularidades desse "Mundo Maior" — e creio exista muita gente com essa mesma ansiedade — não serei eu quem vá precipitar essa viagem. Não! A lei ou instinto de conservação me recomenda o contrário. Esse instinto deve servir para alguma coisa, pelo menos para manter-me aqui limando minhas arestas, passando certa espécie de detergente em minhas nódoas, até que Deus ache que deve ser de outro modo e providencie o meu regresso.

Mas para permanecermos por mais algum tempo neste poluído e tenso mundo, precisamos abastecer o nosso corpo físico de muitas drogas e passar muito dinheiro para os laboratórios nacionais e estrangeiros. Não se tem como fugir disso, pois nosso corpo nem sempre funciona bem.

Existe quem condene o uso de remédios e afirme que se a Natureza nos deu a doença ela mesma se encarregará de removê-la. Quem quiser que se fie nisso; eu não, pois os próprios Espíritos nos indicam a farmácia e o médico quando eles não podem resolver o caso. Já me submeti a várias intervenções cirúrgicas e constatei que se assim não tivesse procedido não mais estaria aqui contando a história.

Tive um companheiro de trabalho profissional que, embora não fosse diabético nem obeso, era inimigo ferrenho de açúcar refinado, de remédios preparados em farmácias, de leite fervido ou em pó. Defendia e usava o caldo de cana para adoçar o café e o leite puro no momento de tirá-lo da vaca. No entanto, a despeito dessa precaução toda, esse colega, partidário que era de certa teoria de um médico alemão sobre alimentação e tratamento de algumas moléstias, foi-se embora deste mundo há mais de 40 anos, não obstante sua ojeriza aos laboratórios, e eu, pouco mais moço que ele, ainda estou aqui em carne e osso, apesar de talvez por isso mesmo — ser amigo dos médicos, dos farmacêuticos e dos medicamentos, não em excesso, é claro, mas quando não posso dispensá-los e os médicos receitam.

É certo que há drogas que matam ou viciam, como os entorpecentes. Mas há outras que curam. Certa parturiente que conheci num lugarejo pobre de Pernambuco foi salva da morte com algumas doses de homeopatia.

Os verdadeiros remédios foram feitos para curar, prolongar a vida. E a vida deve ser preservada, é obra divina.

O Correio Fraterno do ABC, de outubro de 1983, publicou uma mensagem do Espírito Eurícledes Formiga, recebida por Francisco Cândido Xavier endereçada à Anabel Almeida, a qual a certa altura diz o seguinte:

"Embora com esta opinião acerca de liberação repentina, pediria, se pudesse, a todos os amigos para enfrentarem com firmeza o tratamento adequado às doenças com que sejam favorecidos. É melhor demorar para a viagem de volta do que apressá-la com impaciência ou pressa desnecessária. Convém cozinhar as enfermidades com calma e tempo e não fugir da farmácia, apesar dos preços asfixiantes dos medicamentos. Vale a pena pagá-los, usá-los e aguardar bom tempo".

A questão 702, de O LIVRO DOS ESPÍRITOS, é do seguinte teor:

P - "É lei da Natureza o instinto de conservação?

R - "Sem dúvida. Todos os seres vivos o possuem, qualquer que seja o grau de sua inteligência. Numa é puramente maquinal, raciocinado em outros".

Como se vê o Mundo Espiritual é o nosso mundo, o nosso destino. Porém aqui é melhor para o nosso aprendizado ao vivo, na carne, para corrigir os nossos erros, para remover as nossas imperfeições. Daí porque é considerado crime tirar a vida de outro ser humano por qualquer modo ou motivo. Assim como deve ser esclarecido que por negligência também se morre e poderá ser considerado suicídio no Plano Espiritual. Não vale morrer antes do tempo. Viver na carne é imperativo categórico.

Buscar Sempre o Melhor

Se observarmos, mesmo de relance, o significado ou o porquê das manifestações espíritas, verificaremos, por certo, que seu objetivo vai bem mais longe do que à primeira vista se supõe. A época da fenomenologia pura e simples, embora importante e utilíssima, já passou. Agora o rumo é outro: é libertação, é ascensão. Muito se deve aos médiuns dos primeiros tempos: às irmãs Fox e outros. Muito se deve a William Crookes e sua dedicação à verdade no caso das materializações de Katie King, assim como a Madame Elizabeth d'Espèrance com suas estupendas sessões de efeitos físicos; a Daniel Douglas Home, Eusápia Paladino e outros medianeiros excepcionais; a Aksakof, Gustavo Geley, Gabriel Delanne e outros cientistas notáveis. Muito se deve a muita gente do passado e do presente no esforço de comprovação da sobrevivência da alma. Mas não é tudo, porque o mais importante, o essencial não é apenas o homem saber que sobreviverá a estes tormentosos dias terrenos, mas ter a certeza absoluta de que, seguindo a sobrevivência, existe a lei do progresso para levá-lo a plano de paz e luz, de acordo com o grau de merecimento aqui alcançado.

Sobreviver apenas não é tudo. O que resolve, o que se deve aspirar é o despertar do outro lado da vida com um corpo etéreo capaz de penetrar planos Superiores da espiritualidade salvadora, sem a necessidade de voltar à Terra em reencarnações expiatórias. O que resolve é a reforma logo aqui do homem velho em busca da luz que existe mais acima do seu cotidiano. Eis aí o sentido exato da revelação espírita: — a espiritualização ou santificação da vida para chegar à sublimação espiritual.

As religiões são várias, como sabemos. O maometismo promete um céu de gozo material, de estômago farto, sexo saciado, riqueza material completa. O mosaismo, vida longa na terra que Deus lhe deu. As diversas religiões ou seitas, mesmo de origem cristã, acenam ao crente com um céu de beatitudes, desde que observe, enquanto aqui viver, os sacramentos e os rituais inventados pelos homens. Os crentes das várias seitas orientais crêem num nirvana conquistado através de superstições.

Porém nada disso resolve. O que resolve, o que soluciona o ser ou não ser humano, o que garante a felicidade do Espírito, após libertar-se do corpo somático, é o cumprimento logo aqui neste plano, dos preceitos morais defendidos pelo Cristo. É viver o Evangelho em espírito e verdade. É a reforma íntima do indivíduo, porque fora do Amor sincero, desprendido, fora da Caridade no seu sentido mais amplo não haverá salvação possível.

Presentemente, saber que não se morre, toda gente sabe; saber que sobrevive toda gente tem certeza desde quando Jesus anunciou e comprovou a ressurreição e as manifestações espíritas se generalizaram. Mas a falta de elevação moral, de entendimento da vida espiritual é tamanha ainda hoje, que existe quem cometa suicídio em frente dos altares dos templos religiosos, diante das imagens veneradas.

O que precisa o crente de hoje é da ambição de ir mais além, vontade de enfrentar e vencer as intempéries da vida e buscar o melhor com a fé e a certeza de que vencerá quem permanecer no Bem até o fim.

É de uma mensagem de Emmanuel ao II Congresso Espírita Nordestino, realizado em Maceió, entre 28/9 e 3/10/1946, com a seguinte observação:

"Provar a sobrevivência individual após a morte, sem criar incentivo à espiritualidade Superior, é, apenas, a descoberta de campos novos com ausência de estímulo ao progresso e à edificação. Revelação divina sem renovação humana é luz sem espaço, como o Espiritismo humano sem espiritualidade divina é espaço sem luz.

"Para atingir o sagrado objetivo, é necessário viver com o Mestre as inolvidáveis lições do seu Evangelho de amor e paz, de sacrifício e conversão".

É preciso desejo de elevação espiritual. Mas esse desiderato só será alcançado com o tornar-se bom, digno, isento de imperfeições. Não se consegue um lugar de chefia numa empresa sem o devido aperfeiçoamento. Eis porque estudar Kardec e seguir Jesus, é o dever de todos os cristãos novos, a fim de que amanhã, após a morte do corpo físico, não se venha a dizer: "Ah! Se eu soubesse teria agido de outra maneira".

O Que Foi Torna a Ser

A Bíblia, a que se apegam católicos e protestantes, às vezes até para atacarem os espíritas com objurgatórias descabidas e irritantes, tem todos os recursos para defesa e ataque. Até o escritor Erich von Däniken, autor de livros famosos, baseou-se engenhosamente nela, em parte, para escrever "Eram os Deuses Astronautas?" e "De Volta às Estrelas". É que, inegavelmente o Antigo Testamento é um livro rico de fatos, embora os seus defeitos, ou melhor, algumas escabrosidades praticadas por alguns de seus personagens.

Esse livro nos ensina muita coisa. Por exemplo: dizem até que certo rei adoeceu e ficou desequilibrado a ponto de ser, em determinado dia, encontrado no jardim do palácio servindo-se de grama, ou capim. E o interessante é que depois que daí foi retirado ficou são.

Talvez tenha sido esse caso estranho, que deu aos químicos destes tempos modernos idéias para a preparação da gramicidina — um antibiótico potente, extraído da grama ou da terra onde ela viceja.

À página 705 da Bíblia, cap. I, versículo 5, o Senhor disse ao profeta Jeremias: "Eu te conheci antes de te formar no ventre materno, consagrei-te antes que saísse do seu seio".

Ora, se o Senhor conhecia a Jeremias antes de formá-lo no ventre materno, era porque ele, Jeremias, já existia. Jesus Cristo também já existia, segundo revelou, antes de vir ao mundo através de Maria de Nazaré, sua mãe. E ninguém contesta isto.

Com referência a Jeremias, acrescenta-se o fato de que todos nascemos aqui com nosso mapa de vida delineado, consagrado a determinada missão. A missão de Jeremias foi a de ser profeta, médium inspirado, como se diz atualmente. A de Jesus todos sabemos.

Há quem apresente o caso de Jesus como exceção, por considerá-lo "Filho de Deus". Mas para Jeremias que se dirá? Homem como qualquer outro? Não está aí uma indicação de reencarnação?

Já no Novo Testamento vemos Jesus dizer a Nicodemos que é preciso nascermos de novo para que possamos alcançar o reino dos céus, isto é, a perfeição.

Hoje a revelação está mais clara. A exemplo do efeito benéfico do capim do rei bíblico, que deu origem à gramicidina, a reencarnação de Jeremias e do precursor João Batista, que fora Elias, como afirmou Jesus, está comprovada através dos estudos feitos por cientistas e pesquisadores de alta capacidade.

O Dr. Ramendra Banerjee, da Índia, deu publicidade a inúmeros casos estudados por ele, e o Dr. Ian Stevenson, dos Estados Unidos, publicou um livro sobre 20 casos sugestivos de reencarnações. E poderia apresentar centenas, senão milhares constantes de seus registros.

Foram casos examinados no Oriente e no Ocidente, nas Américas e nas ilhas do Oceano Pacífico e até mesmo entre os índios da América do Norte. Ora, um só caso verídico já seria um atestado da verdade. Mas os parapsicólogos citados apresentam centenas, descritos de forma a não deixarem dúvidas em ninguém. Aqui mesmo no Brasil tem-se visto muitos casos para confirmação do que disse Jesus.

As manifestações espíritas de hoje são as mesmas do tempo em que Saul, rei de Israel, junto à pitonisa de Endor, consultava o Espírito do juiz Samuel, sobre o prosseguimento de uma guerra (I Samuel 28: 8 a 19). De igual modo, as reencarnações de hoje são da mesma forma que as do tempo de Jesus Cristo e antes dele.

O que foi volta a ser, diz a sabedoria antiga.

"O que foi isso é o que há de ser, e o que se fez, isso mesmo se tornará a fazer", reza o Eclesiastes I-9.

São os fatos no caminho da vida visando a perfeição.

O Perispírito e Suas Funções

As Entidades que ditaram O LIVRO DOS ESPÍRITOS a Allan Kardec disseram que o perispírito não é apenas a vestimenta do Espírito mas também o seu instrumento de trabalho, o seu veículo de transporte, o seu aparelho de comunicação com o plano mais chegado à Terra. O Espírito pensa, ordena; o perispírito executa, conquanto haja sempre alteração com o evoluir da própria Entidade.

Em verdade, tudo nos mostra ser isto mesmo, embora nem todos os observadores dos fatos compreendam ser assim.

Nosso Senhor Jesus Cristo, depois de desencarnado apareceu algumas vezes em corpo astral, ou materializado. Isso aconteceu apenas durante cerca de quarenta dias, segundo os Evangelhos.

O escritor Ernesto Bozzano, além de outros pesquisadores, chegou a coletar dezenas de casos em que os recém-desencarnados apareceram e provocaram fenômenos psíquicos no momento da morte ou pouco tempo depois, isto é, enquanto lhes permanecia forte o resto de atração terrena.

O corpo espiritual vai, assim, adquirindo leveza e se afastando da influência terrena, conforme o grau de pureza aqui conquistado, riqueza em ciência, amor, intelectualidade, moralidade, humildade e muitas outras virtudes que lhe concedem brilho, fácil locomoção, visão e operação à distância etc, tudo sob as ordens do Espírito.

Daí porque os Espíritos Elevados que desejam comunicar-se conosco o fazem de longe, pelo pensamento, ou através de outros Espíritos de corpo denso ou menos eterizado. Quando não é assim, os fluidos mediúnicos são aproveitados para essa comunicação. Quando possível.

Está aí a dificuldade das poucas comunicações de Espíritos de elevada categoria, ou seja, de Espíritos Puros.

A prova está nas gravações obtidas pelos pesquisadores europeus, à frente dos quais Friedrich Jürgenson, de Estocolmo, Suécia, a partir de 12-6-1959, que apresentam apenas vozes de Entidades de reduzida grandeza espiritual, o mesmo acontecendo com as conversações mantidas através do Spiricom (Mark IV), invento do engenheiro americano George W. Meek, e do técnico eletrônico William John O'Neil e outros, a partir de 27-10-1977.

"Folha Espírita", de São Paulo, edição de Dezembro de 1985, traz um pequeno esclarecimento de K. W. Goldstein:

"Um fato inesperado ocorreu após alguns meses de colaboração do Espírito W.J. Muller: ele próprio avisou que não poderia ficar por muito tempo junto ao grupo que operava o Spiricom (Mark IV). E assim aconteceu.

Com o passar dos dias ele foi paulatinamente "perdendo suas densas vibrações terrenas" e iniciou sua ascensão a um plano espiritual que não era mais alcançável do Mark IV. George J. Muller informou-nos pessoalmente que só conseguiu comunicar-se com ele através de um médium que se ofereceu para isso. Segundo Meek, "ele agora está na parte inferior do Astral Superior", onde já não pode ser contatado com os recursos disponíveis oferecidos pelo Mark IV".

Comunicar-se com o Mundo Espiritual Superior não é assim tão fácil. Todavia, já poder, através de aparelho material — fabricado pelo homem — falar com os Espíritos, mesmo os ainda em baixa vibração, já é muita coisa, muito avanço, pelo menos é uma prova de que eles existem, de que o Mundo Espiritual é uma realidade. Com esse aparelho — por ser eletrônico — ninguém dirá que o fenômeno espírito procede do próprio homem, ninguém dirá que tudo não passa de sugestão.

Subir para Deus é o objetivo da vida humana. Quem assim não fizer ficará por muitos anos como aqueles Espíritos que se manifestam nas velhas mansões inglesas, perturbados e perturbadores. Mas aquele que é do Céu em Amor e Sabedoria, santamente conquistada, para ele seguirá. Para a frente e para o Alto é o ensinamento mais puro vindo do mundo antigo.

Verdades do Além-Túmulo

Alguns atos humanos através dos tempos, nos revelam que muitos homens têm sido iludidos por si mesmos. A maioria julga-se espiritualmente rica e superiormente capaz de resolver todas as situações difíceis e por isso é que são poucos os que buscam a religião que ensina a ligação com o Criador para o perfeito sentir e obrar, num constante desejo de progredir moral e espiritualmente, tomando conhecimento do porquê da vida, a fim de prevenir surpresas desagradáveis do Espírito, após a morte do corpo físico.

Mas o que vemos é que muitos homens se envergonham de ser religiosos verdadeiros, escusando-se, muitas vezes, de pronunciar palavras simples, como Espírito, Alma, Deus, Jesus.

A atração das coisas mundanas como dinheiro, vício, sensualidade, enfim, tudo que representa gozo para os sentidos materiais têm a sua preferência. Não prestam nenhuma atenção aos avisos que o Alto lhes transmite e consideram loucos ou imbecis os que sonham com um mundo melhor, mais espiritualizado.

Infelizmente, esse errôneo modo de pensar e proceder vem vindo de muito tempo e muita areia passará, ainda, pela velha ampulheta do tempo antes que haja uma transformação visando a melhoria espiritual de todos.

Enquanto isso não ocorrer, os homens continuarão ocupando-se com alimentação e repouso, sexo e dinheiro, sombra e água fresca, caminhando para o túmulo quais animais para o matadouro, sem consciência da vida nem da morte.

Todas essas considerações vieram-me à mente ao terminar mais uma vez a leitura de um livro desse invisível acendedor de lampiões, o qual, vindo do outro lado deste plano material, se apresenta aos leitores sob o pseudônimo de André Luiz.

Lâmpadas apagadas que ainda somos pelo nosso atraso espiritual, André Luiz, como mensageiro de Jesus, vem com o archote brilhante de suas reportagens da vida extraterrena, tentar fazer com que arda em nós o azeite da fé, caridosamente dada pelo Criador e teimamos em fazer permanecer sem utilidade.

Relata-nos esse repórter celestial, o que viu e sentiu de estranho após a sua libertação da vida carnal, e o que continua observando em todos os lugares, acompanhando seus mentores espirituais, num incessante trabalho de ajuda aos mais necessitados ainda ligados ao plano terráqueo, ao mesmo tempo em que o seu próprio aperfeiçoamento está sendo adquirido.

André Luiz é um arauto do Pai Celestial, brindando-nos com revelações novas que nos concitam a guerrear permanentemente os vícios e maus pendores, conseqüentes de nosso atraso.

No seu livro — "LIBERTAÇÃO" — descreve-nos as chamadas zonas purgatoriais, onde Espíritos que, na Terra, quando encarnados, alimentavam ódio, vingança, egoísmo etc., são vítimas dos próprios erros e por isso continuam subjugados ao mal, num verdadeiro círculo vicioso, até o dia do arrependimento sincero e a disposição de reforma íntima.

Aqui, é uma ex-fazendeira, perversa e egoísta, que passa a ser perseguida por quatro ovóides — espíritos atrasados e em estado de vampirismo — tentando justiça com as próprias mãos; ali, é certa mulher encarnada na Terra e igualmente perseguida por essa mesma espécie de entidade espiritual, hipnotizadora nalguns casos, que lhe transmite maus fluidos provocadores de loucura e outros males. Mais adiante é outro Espírito, ignorante e perverso que, à semelhança de um bandoleiro dos nossos sertões, faz-se cumpridor de ordens de antigo hierofante, por nome Gregório, cuja perversidade ultrapassa a do nosso Virgulino Lampião, de triste memória. São legiões de Espíritos sofredores e escravizados, vítimas da própria incúria.

Não! O homem não mais precisa ter fé e esperar para saber o seu próprio destino. Deus está lhe revelando o futuro, e os livros espíritas são, de fato, o registro dessa revelação, por onde ele poderá aprender a desvendar o mistério do seu passado e afastar o nevoeiro do seu futuro. São esses, os livros — "amigos que nos falam sem lisonja" — que nos ensinam a utilizar o espelho da nossa consciência. E se diante dos fenômenos mediúnicos chegarmos a crer na existência do Pai Celeste, amoroso e justiceiro, o que precisamos é despertar e reagir à preguiça que nos envolve e erguermo-nos para uma vida melhor, de trabalho regenerador, exigido pela lei do progresso.

Defeitos Físicos: Um Enfoque Diferente

Alguns de nossos defeitos físicos são corrigíveis ou remediáveis. Outros, porém, são irredutíveis ou sem cura. Os incuráveis, requerem de nós todo o esforço e todo o bom ânimo para suportá-los até o fim desta existência. E o mérito está, precisamente, nisto: em tolerá-los com resignação, sem lamúrias, sem imprecação. Se a resignação não nos ampara nos momentos de angústia e o desespero se apodera de nós, vem então a queda moral de conseqüências imprevisíveis. Nesses casos, que Deus tenha pena de nós!

Nesses momentos difíceis mais se comprova a necessidade da religião, mais particularmente o valor da Doutrina Espírita, bem assimilada, que não apenas nos dá a fé, mas também a explicação sobre o motivo dos sofrimentos físicos e morais que nos acompanham durante a caminhada sobre a crosta terrena.

Leiamos o que nos diz O. S. MARDEN:

"Tudo quanto ao homem sucede, é efeito natural de uma causa por si próprio estabelecida no passado próximo ou remoto; e, pois que o efeito é sempre da mesma natureza da causa, como o fruto é da mesma espécie que a semente, natural é que, se as causas em algum tempo postas por nós, ou, por outras palavras, se as obras ou ações por nós praticadas foram contrárias à razão e à lei divina, os efeitos, resultados ou conseqüências sejam forçosamente maus, geradores de aflitivos contratempos, adversidades, infortúnios e desgraças que, à maneira de açoites, despertam a consciência e levam o homem a emendar-se, porque não há mestra mais idônea do que a adversidade que nos fustiga".

É por isso que mais se firma a doutrina das vidas sucessivas. A lei da reencarnação nos explica com referência aos casos para os quais a consciência não nos acusa de havermos contribuído nesta existência para o seu desabrochar. E se nesta vida nada encontramos que nos acuse, devemos procurar os motivos no pretérito, vez que não há efeito sem causa e Deus é a Suprema Justiça.

É necessário, assim, esquecermos os nossos fracassos ou desgostos por possuirmos um corpo defeituoso, ou se a paralisia nos envolve os membros. Pois espiritualmente vê melhor quem procura enxergar com os olhos da alma, e ouve mais aquele que escuta a voz da razão e do bom senso. Há exemplos disso em toda parte. A força de vontade opera maravilhas, supera dificuldades.

Li certa vez sobre as vantagens conseguidas por uma funcionária de uma empresa americana, quase totalmente surda, ante seus colegas de audição perfeita. Enquanto estes se distraiam e claudicavam em seus deveres, em face de conversações fúteis e outros ruídos perturbadores, a moça ganhava tempo nos seus afazeres, promoção como secretária e aumento de ordenado.

Aproveitemos, assim, os nossos defeitos físicos tirando partido deles a nosso benefício e de todos os que nos rodeiam, já que na maioria das vezes eles vieram conosco a nosso próprio pedido, para estimular-nos o aperfeiçoamento a caminho de um grau superior de evolução e progresso na eternidade da vida.

Onde Está Jesus?

O confrade Fernando Worm, de Porto Alegre, numa de suas substanciosas crônicas para os nossos jornais, conta que, estando na Palestina acompanhando sua genitora onde foram em visita aos lugares santos dos cristãos, encontrou-se com um cidadão que também ali fora com o mesmo objetivo.

Estiveram nos locais onde se diz ter nascido Jesus, assim como no seu túmulo. Já se preparando para o regresso ao Brasil, perguntou ao companheiro de excursão se encontrara Jesus onde o havia procurado com tanto afã, ao que o interrogado respondeu com firmeza: "Não! Não o encontrei; Ele não está aqui. Jesus está nas casas de atendimento aos necessitados do corpo e da alma lá de onde eu vim, com trabalho e despesa".

Também o poeta gaúcho — Mário Quintana — não obstante o seu ceticismo, escreveu um poema com esta afirmativa:

"Eles ergueram a Torre de Babel para escalar o Céu. Mas Deus não estava lá! Estava ali mesmo, entre eles, ajudando a construir a torre".

É meia verdade, mas serve.

Igualmente, o astronauta russo — Gagarin — no seu ateísmo impenitente, dirigindo futura arma de guerra em torno da Terra, disse que não encontrou Deus no espaço extraterrestre.

É que Deus está em toda parte onde haja amor, sinceridade, elevação espiritual. E Jesus está ajudando seus irmãos terrenos em toda parte onde haja sofrimento, luta, atraso. Jamais esteve preso ao túmulo que ficou vazio ao terceiro dia, segundo os Evangelhos, senão no mesmo dia e hora de sua descida da cruz, de acordo com a nossa compreensão.

Os homens constroem templos suntuosos dedicados à oração, quando a prece silenciosa e sincera, nascida do íntimo do crente verdadeiro é a mais produtiva e recomendada pelo Mestre, e pode ser feita em qualquer parte. Vão à Roma, Meca, Palestina, Tibete e outros lugares que consideram sagrados, à procura de seus ídolos que representam o Deus Criador de todos e de tudo.

Todavia, esse Deus a quem procuram pode estar entre eles mesmos, nas suas obras de amor ao próximo, aos famintos e nus, velhos desamparados e crianças abandonadas, nas escolas combatendo a ignorância, no entendimento entre as famílias, no trabalho, na solidariedade e na tolerância.

Francisco Cândido Xavier, ao visitar um presídio na capital paulista, abraçara cerca de 4.000 detentos. Perguntado, depois, se divisara muitos obsessores, respondeu que não viu Espíritos obsessores, pois que eles já haviam feito lá fora o que quiseram de suas pobres vítimas. Viu, sim, muitos benfeitores, amigos e mães dos detentos. Todos, possivelmente, representando Jesus ao procurar amenizar o sofrimento dos encarcerados.

Jesus, Maomé, Buda e outros da Espiritualidade

Superior podem ser encontrados nos lugares onde o crente jamais suspeita que Eles estejam. Um faminto que nos bate à porta, um cego que precisa atravessar uma rua movimentada, um doente que necessita de tratamento urgente.

Por favor, não façamos maior a distância entre nós e Deus e não desacreditemos das palavras de Jesus quando afirmou: "Onde estiverem dois ou três reunidos em seu nome, aí estarei eu no meio deles".

Não especificou lugar nem hora.

O pensamento e os ensinamentos do Cristo aí estarão e a sua presença também, desde que a necessidade se apresente.

Dupla Vista

Durante o desenvolvimento mediúnico muitos fenômenos podem advir. Fenômenos que nem sempre sabemos traduzir e muito menos qualificar. E a gama deles é bem grande. O Livro dos Médiuns traz os nomes de vários, a Metapsíquica aumentou o número desses vocábulos e a Parapsicologia acrescentou-lhes outros tantos, embora muitos tenham quase o mesmo significado e efeito nas diversas correntes de opinião.

Vejamos, por exemplo, a Dupla Vista, citada por Allan Kardec no Cap. VIII de O LIVRO DOS ESPÍRITOS. Para essa vista da alma, segundo a revelação, os metapsiquistas arranjaram os nomes de Telegnomia, Metagnomia, Clarividência, Precognição, Premonição, Vista Espiritual etc. Esses fenômenos diferem muito pouco um do outro.

A Dupla Vista (não confundir com a visão dupla dos objetos, pessoas etc., causada por defeito orgânico, que a Medicina denomina de Diplopia) é faculdade espontânea, conquanto possa ser desenvolvida. Tem ligação com a organização física das pessoas e por isso há organismos que lhes são refratários. A moléstia grave, a aproximação de perigo etc., podem fazê-la surgir.

Em suas memórias o Sr. José Américo de Almeida

— famoso político paraibano já desencarnado — diz que no ano de 1930 previu a morte de João Pessoa, Presidente do Estado da Paraíba. "Era um mistério que me solicitava de longe, (ir visitar o Presidente para avisá-lo) que me empurrava de lá (do sertão, onde se encontrava) como uma força irresistível".

Tentou evitar a tragédia mas não conseguiu. Até que veio o pior: o Governador (Presidente, naquele tempo) foi assassinado no Recife.

De minha experiência pessoal, posso dizer o seguinte: alguns casos de dupla vista aconteceram comigo e não pouco desagradáveis. Quase todos surgiram quando tomava parte em sessão mediúnica.

No Centro Espírita "Victor Hugo", de Natal, vi um grande acidente de trânsito nas imediações do Jardim 13 de Maio, no Recife, confirmado dois dias depois pelos jornais daquela cidade. No Centro Espírita "Irmã Cecília", também desta cidade, vi um quadro horrível: uma corda estendida com várias cabeças decepadas e gotejando sangue. Poucos dias depois estourava a revolução de 1964, a qual, se não trouxe derramamento de sangue foi, no entanto, considerada movimento revolucionário para todos os fins. Noutro Centro familiar tive visões de casos de morte de pessoas conhecidas, confirmadas posteriormente.

Creio sejam quadros formados por Entidades do plano Espiritual e que as pessoas com a alma parcialmente desprendidas do corpo físico podem ver em certos momentos, quando em êxtase, causado pelo magnetismo ou vibração ambiental, como costuma suceder nas sessões espíritas de pensamento homogêneo.

A Dupla Vista também é faculdade dos sonâmbulos lúcidos.

Mas "a emancipação da alma também se verifica às vezes no estado de vigília, diz Allan Kardec, e produz o fenômeno conhecido pelo nome de segunda vista ou dupla vista, que é a faculdade, graças a qual quem a possui vê, ouve e sente além dos limites dos sentidos humanos. Percebe o que existe até onde estende a alma a sua ação. Vê, por assim dizer, através da vista ordinária e como por uma espécie de miragem. O sonambulismo natural e artificial, o êxtase e a dupla vista são efeitos vários, ou de modalidades diversas, de uma mesma causa".

Diz o Livro dos Espíritos que nos mundos menos materiais que o nosso, os Espíritos se desprendem mais facilmente e por isso em tais mundos a dupla vista é faculdade permanente para a maioria de seus habitantes.

Todos esses fenômenos vêm de tempos imemoriais e muitos podem ser localizados aqui e ali nas páginas dos chamados livros sagrados. Para isso é bastante ter olhos de ver e inteligência de entender, segundo os Evangelhos.

A Natureza Não dá Saltos

É grande erro pensar-se que deixando este plano material, o Espírito já se acha de posse de todos os segredos da Natureza e particularmente do Mundo Espiritual. Nessa suposição é que muita gente nas sessões mediúnicas interroga às Entidades sobre coisas inteiramente desconhecidas das mesmas. Querem, por exemplo, que indiquem os meios de cura para determinadas enfermidades, quando esses mesmos desencarnados jamais foram médicos na vida terrestre. De igual modo procedem em várias outras ocasiões sobre outros assuntos específicos.

Já se tem dito inúmeras vezes que o Mundo Espiritual para quem recentemente desencarnou é a continuação deste em que vivemos por algumas dezenas de anos. Por isto é que o homem bom assim continuará, e o mau terá alguma demora em se reformar.

Haverá, por certo, necessidade de muita lágrima não fingida, bem se vê, mas arrependimento sincero e plena vontade de ressarcir as ofensas perante o Pai Eterno, vez que a ninguém é dado ocultar o que realmente é, diante do registro automático ou arquivo existente no corpo astral (perispírito) de todos os atos bons ou maus, postos à vista dos Espíritos Superiores.

Talvez haja sido por conhecer essa revelação que os teólogos inventaram a teoria da existência do Purgatório, tácito reconhecimento de sempre haver no homem algum defeito que o não permite alcançar de vez os Planos Espirituais Superiores, onde reina a felicidade, assim como não seria jogar o Espírito no também mitológico Inferno, indicado como lugar de penas eternas.

E como dizíamos: a nossa vida no Mundo Espiritual é a continuação da que passamos na Terra. É revelação de N. S. Jesus Cristo que na casa do Pai Celestial há muitas moradas, pois o seu Reino é o Universo, eterno e infinito, cheio de sóis, planetas e satélites e mais coisas de que não cogita a nossa pobre filosofia, na expressão do velho poeta inglês William Shakespeare.

E tudo isso é para a continuação da vida do Espírito, no cumprimento da lei de evolução, do progresso incessante.

No entanto, o despertar da alma vem aos poucos, razão pela qual os que daqui partem levam as suas idéias altruísticas ou mazelas morais repelentes. Muitos que eram cépticos ou materialistas assim continuam ainda por muito tempo.

Nas sessões de materialização que se faziam na casa da célebre médium Elizabeth D'Espérance, na Inglaterra, materializava-se o Espírito de conhecida mulher que, não obstante a sua condição de desencarnada, nunca demonstrou ter vencido seus preconceitos contra o Espiritismo.

A esse respeito, escreveu a médium D'Espérance: "Também não se utilizou de nossas reuniões senão quando pretendia um fim especial. Entretanto, bastava o fato de sua aparição para testemunho em favor daquilo que ela desprezava: e todos os que a haviam conhecido, e não eram poucos, tiveram provas convincentes que a Srª Miller era tudo o que podia haver de menos mudado, quer no aspecto, quer no caráter". E mais adiante: "Eles — os Espíritos — pareciam tão humanos, como se realmente estivessem ainda na vida terrena".

O ódio dos adversários do Espiritismo, muitas vezes transpõe a barreira da carne. São muitas as comprovações. Nos livros onde se narram as manifestações obtidas no Grupo Ismael, da Federação Espírita Brasileira, podem ser lidos vários casos e se compreenderá facilmente que há no plano extrafísico grupos de Espíritos interessados no combate ao Cristianismo Espírita, aproveitando as falhas existentes nas Sociedades e nos seus integrantes. Somente o Amor poderá vencer esse preconceito.

Aliás, sempre houve inimigos da verdade desde o tempo de Jesus, segundo se lê em seus Evangelhos. A humanidade encarnada, assim como a desencarnada não gosta que lhe toquemos as feridas morais e não aceita o chamado para uma vida consentânea com o Bem.

Todavia, a vitória do Espiritismo é a da Doutrina que na sua simplicidade foi pregada pelo Cristo há dois mil anos e que os Espíritos Superiores vêm reavivando, e será um fato incontestável nos dias futuros. É de lei que vencerá aquele que permanecer no Bem até o fim.

Todos esperamos isso, pois uma vez que a Natureza não dá salto, tudo virá a seu tempo.

Do Egito Antigo às Revelações Modernas

Das maiores e mais convincentes foram as revelações recebidas pela médium inglesa Rosemary, do Espírito de uma ex-rainha egípcia por nome Telika, do século XV a.C. — que preferiu apresentar-se como Lady Nona, significando no antigo Egito "A Sem Nome", porque seu nome não figura na História documentada do seu país de adoção.

Telika, que fora princesa na Babilônia, também era conhecida por Vêntiu, ou seja, "A Asiática", apelido que lhe foi dado pelos egípcios. Foi uma das esposas do Faraó Amenófis III (1417-1379 a.C.) e, portanto, rainha. A esposa principal desse faraó — "A Grande Rainha", chamava-se Tyi, a qual não consta haver tomado parte no drama de Telika.

Telika tinha uma dama de companhia por nome Vola. Esta fora princesa síria, capturada e levada para o Egito como escrava e chegou a ser sacerdotisa.

O Faraó Amenófis III foi o pai de Amenófis Amenotep IV, o famoso Akenaton, considerado herege pelos sacerdotes e um dos primeiros a apresentar a idéia monoteísta. Segundo se diz, governava dominado pelos sacerdotes, astrólogos, sábios e velhacos.

A história de Lady Nona e de suas revelações na Inglaterra é longa mas podemos resumi-la.

Rosemary, jovem inglesa, estudante de música, jamais se interessara nem conhecia sequer os fenômenos espíritas. Sua mediunidade chegou naturalmente em 1927, através de esquisitos tremores num braço.

Indo consultar-se ao Dr. Frederico Wood sobre nevralgia facial, o médico que era estudioso da fenomenologia espírita, descobriu-lhe a mediunidade. Daí por diante, durante cerca de dois anos, vários Espíritos se comunicaram sob a orientação de outro por nome Muriel, que vivera como mulher entre os quacres. Logo depois surgiu o Espírito Nona, que passou a ser o guia dos trabalhos e a relatar sua vida no antigo Egito como rainha.

Contou Lady Nona, aliás Telika, ao Dr. Wood, ter descoberto que um dos astrólogos da corte lhe tramava a morte juntamente com o Faraó. Mas o rei não acreditou nela, e, por sua vez, tramou o assassinato do astrólogo traidor. Descoberta a trama, foi ela lançada ao Nilo juntamente com sua dama de companhia, a princesa Vola.

Escreve o Dr. Carlos Imbassahy no seu livro "A FARSA ESCURA DA MENTE", a respeito das revelações de Lady Nona:

"Confirmaram-se relatos sobre construção do templo, palácio do Faraó, a guerra contra a Babilônia e outros países, a reconciliação com Babilônia, o casamento do rei com outras princesas, entre as quais uma irmã do rei babilônico Kadaxman Bel; eram exatos os seus informes sobre indústrias, artes, ofícios..."

Tudo foi comprovado através de livros antigos e de tabletes de argila cozida encontrados em Toli-El-Amarna. Seria impossível essa ilustração por parte da médium Rosemary, que desconhecia por completo o idioma egípcio de qualquer época, assim como seus conhecimentos sobre outros assuntos não chegavam a tanto.

Rosemary era a reencarnação de Vola e talvez o Dr. Wood a do Faraó Amenófis III. Rosemary, cujo nome verdadeiro era Ivy Beaumont, faleceu em 1961 e o Dr. Frederico H. Wood, em 1963.

Todas essas personagens tiveram várias encarnações após os acontecimentos do Egito.

Pena é não termos espaço suficiente para um relato mais substancioso e menos imperfeito desse fascinante fenômeno espírita. Razão pela qual convidamos os leitores a folhearem o livro citado do Dr. Carlos Imbassahy, o artigo do Dr. Hermínio Miranda, em Reformador de outubro de 1978 e mais o livro "A Voz do Antigo Egito" do Prof. Francisco Valdomiro Lorenz, edição da FEB, de 1975.

Perturbação Espiritual

O problema da perturbação é coisa séria para muitos dos recém-desencarnados. Allan Kardec, no seu livro "O CÉU E O INFERNO", cita o caso de um Espírito que desconhecia o seu estado de liberto da carne há centenas de anos. A médium Yvonne Pereira, num de seus livros, também se refere a uma Entidade que, embora lhe houvessem demolido a casa em que vivera e construído outro prédio no mesmo local, continuava aí vivendo na ilusão de ser a mesma residência.

Perguntado ao Mentor Espiritual que ditara "O LIVRO DOS ESPÍRITOS" se essa perturbação é do mesmo grau e da mesma duração para todos os desencarnados, a resposta constante do quesito nº 164 foi a seguinte:

— "Não; depende da elevação de cada um. Aquele que já está purificado, se reconhece quase imediatamente, pois que se libertou da matéria antes que cessasse a vida do corpo, enquanto que o homem carnal, aquele cuja consciência ainda não está pura, guarda por muito tempo a impressão da matéria".

Lamentavelmente temos constatado essa inconsciência em grande número de Entidades que se comunicam pela primeira vez e, na maioria dos casos, as obsessões e os "encostos" têm sua origem aí. Às vezes até de pai para filho, de amigo para amigo.

O "Boletim Espírita" nº 6, de fevereiro de 1984, publicação da "União Espírita Cristã", da cidade de Patos, na Paraíba, narra um caso muito interessante. Uma jovem ficara paralítica e não encontrara cura pela medicina convencional. Levada à Instituição acima citada, voltara para casa andando, depois que o Espírito perturbador, tomando consciência de sua condição de desencarnado, se afastou da jovem.

Vejamos, agora, o que ele disse ao diretor dos trabalhos mediúnicos:

"Eu a acompanhei quando passou perto da pedra grande que há no caminho de sua casa. Ela tinha uma luz e pensei que fosse um anjo que vinha me socorrer. Ela caiu quando me aproximei. Eu estava naquele local desde o dia em que caí da pedra e morri. Na queda também quebrei as pernas. Estava caçando mocó quando escorreguei. Minha espingardinha ainda está em cima da pedra e tem as letras do meu nome. Quem desejar pode procurá-la. Agora, vou deixá-la. Adeus".

O Boletim confirma o achado posterior da espingarda no local indicado, com a madeira já carcomida, mas as partes de ferro intactas e as letras FSI gravadas.

Oh! Quanto é demorado e sofrido o despertar no Mundo Espiritual dos que neste mundo material cuidam apenas do terra-a-terra ilusório.

O Espírito André Luiz, não obstante ter feito o Curso Superior de Medicina terrena, passou cerca de oito anos atormentado, após seu desencarne. É ele mesmo quem narra o seu caso no livro "Nosso Lar".

Os velhos castelos ingleses continuam com suas assombrações, provocadas por entidades que ainda não despertaram para a realidade do plano em que se encontram. Muitos ainda estão iludidos com as grandezas da vida terrena, do fausto de outros tempos, das guerras em que tomaram parte.

"Não se deram a trabalhos mentais e espirituais e agora sofrem a deficiência. Ficam enclausurados na redoma que lhes tolhe os movimentos. A visão é tão restrita, que mal notam o que os cercam", diz um Espírito moralmente adulto, através de um médium europeu.

E nós muitas vezes ficamos em cismas, remoendo pensamentos, duvidoso de se já conseguimos "bonus-hora" suficientes para não passarmos por essas atribulações no dia do amanhã extraterreno.

Porém, diz-nos Allan Kardec: "Aqueles que, desde quando ainda viviam na Terra, se identificaram com o estado futuro que os aguardava, são os em quem menos longa ela é (a perturbação ou inconsciência), porque esses compreendem imediatamente a posição em que se encontram".

E mais adiante:

"A perturbação que se segue à morte nada tem de penosa para o homem de bem que se conserva calmo, semelhante em tudo a quem acompanha as fases de um tranqüilo despertar. Para aquele cuja consciência ainda não está pura, a perturbação é cheia de ansiedade e de angústia, que aumentam à proporção que ele da situação se compenetra".

Seja como for, compete-nos o trabalho e o estudo, na medida do possível, para a nossa elevação espiritual.

Portanto, reformemo-nos continuamente, abracemos a moral pregada pelo Cristo de Deus e ilustremo-nos com os ensinamentos e advertências que o Alto nos proporciona. Cuidemos, enfim, para que as surpresas do Além-Túmulo não nos atinjam de modo prejudicial.

Os Emparedados

O suplemento literário "SINGLA", em seu número 117, de 1954, publicou um artigo de Oto Prazeres, intitulado de "A Emparedada da Tijuca", que é um dos comprovantes mais sugestivos das manifestações espíritas.

Trata-se de uma jovem de família italiana que, nos começos deste século, fora assassinada e ocultamente emparedada numa casa de residência do bairro da Tijuca, no Rio de Janeiro, pelo ciumento marido — um sexagenário e rico fazendeiro.

Anos depois, passou a residir nessa casa uma família procedente do norte, da qual fazia parte uma moça de dezoito anos de idade, médium, embora inconsciente. Essa moça passou a ver em hora certa — meia noite — num local da ampla parede do quarto onde dormia, uma luz fraca, de onde aparecia uma jovem loira de fisionomia tristonha.

Não obstante as precauções da família e as consultas aos psiquiatras, por julgarem a moça perturbada das faculdades mentais, o fenômeno continuou sendo notado na mesma hora e no mesmo local.

É então quando, com o auxílio de um amigo e de um pedreiro, o pai da moça resolveu explorar o local da parede onde era visto o Espírito da jovem italiana. E não foi sem surpresa que encontrou um esqueleto completo, tendo ainda a cabeça ornada com uma vasta cabeleira.

Em face disso, um arremedo de inquérito foi procedido, comprovando-se a autoria do crime, mas o autor, que era um dos poderosos da época, nada sofreu. E conclui o articulista: "A emparedada da Tijuca não foi amparada pela justiça".

Igual a essa, várias aparições têm surgido em todo o mundo. Não faz muito tempo que o escritor Gilberto Freire, do Recife, dava notícias sobre as assombrações das velhas casas da capital pernambucana. Um livro sob o título de "A Emparedada da Rua Nova" causou sucesso.

Ao tempo da escravidão negra, de triste memória, muitas criaturas foram barbaramente assassinadas, algumas até enterradas vivas por malvados de todas as espécies. E todas essas vítimas ficam à procura de uma justiça terrena que nem sempre encontram, razão pela qual as obsessões são freqüentes.

E ainda a propósito de sepultamento em parede residencial, recordo-me de outra interessante notícia vinda de uma longínqua povoação da fria Groenlândia, publicada no jornal inglês — "Psichic News"— e reproduzida pela revista "Luz da Verdade", do Recife — Pernambuco.

Foi o caso de um Espírito que em 1937 baixou em uma sessão realizada na povoação de Utskalar à procura de uma de suas pernas.

A entidade comunicante que tivera na terra o nome de Runolfur Runolfsson, fora madeireiro. Disse ele que habituado à embriaguez, caminhara nesse estado para sua residência numa noite invernosa do mês de outubro de 1879. Em dado momento, procurando resguardar-se do frio e do vento atrás de uma rocha à margem do oceano, ingerira uma garrafa de "brand" (aguardente) que conduzia, e caíra completamente desacordado. Em seguida veio a subida da maré levando o corpo para o fundo do mar, e dias depois o jogou contra as pedras.

O cadáver foi encontrado e enterrado no cemitério local, mas faltando a perna. Esta foi encontrada em local muito afastado e enterrada numa parede de uma residência sem formalidade e sem conhecimento da polícia. Com a notícia dada, insistentemente, pelo Espírito, as buscas na referida casa foram procedidas e a perna reclamada foi encontrada.

Examinados os livros de registro do cemitério, da polícia e da igreja de Utskalar, ficou cabalmente comprovada a identidade do comunicante. A perna encontrada foi sepultada junto ao túmulo de Runolfur e este em nova comunicação mediúnica agradeceu o interesse tomado pelos componentes do grupo espiritualista

São interessantes esses casos. Mas não se deve esquecer que foi um fato semelhante que deu origem ao "Moderno Espiritualismo", nome dado pelos ianques ao Espiritismo atual. Um emparedado, por nome Charles B. Rosma, na localidade de Hydesville, Estado de Nova Iorque, na noite de 31 de Março de 1848, através das meninas Margarida e Catarina, da família Fox, também pediu justiça pelo crime de que fora vítima.

Conquanto inteiramente comprovadas as

comunicações, é possível haja quem não acredite em tais histórias; que morrendo o homem, seu Espírito tome o caminho do Céu ou do Inferno e jamais volte ao plano terráqueo. Porém as diversas manifestações provam o contrário. O fato de haver desencarnado não faz com que o Espírito se desfaça de pronto de suas preocupações e de seus hábitos terrenos, principalmente quando fora apegado às coisas materiais. Há Espírito que permanece como que imantado aos seus restos mortais por muito tempo; outros, à casa onde residira quando encarnado; ainda outros acompanham parentes e amigos, às vezes por amizade, outras vezes por ciúme, etc. Muitos não descobriram ainda que já estão livres do corpo físico.

O nosso despertar no Mundo Espiritual é rico de surpresas, dizem as Entidades Elevadas. Boas surpresas para uns, desagradáveis para outros. Tudo depende de termos sido bons ou maus alunos na escola terrena. O bom aluno é premiado, o mau castiga-se a si mesmo, obrigado que é a repetir o ciclo escolar em situações completamente modificadas e oportunidades diferentes. Prevenir é melhor do que curar, dizem os sábios.

O Despertar de Um Novo Dia

Tem-se comemorado todos os anos a data de 18 de abril por haver sido nesse dia, em 1857, o nascimento da Doutrina Espírita, em face da publicação em Paris de "O LIVRO DOS ESPÍRITOS".

Muito justa a comemoração. Todavia, não se pode esquecer do 31 de março como o despertar que foi de um novo dia na rotina das manifestações espíritas.

O mundo vinha assistindo essas manifestações quase diariamente, mas não tivera a atenção despertada para a realidade de um mundo extramatéria. Os grandes médiuns discípulos de Jesus que removiam enfermidades e expulsavam demônios (espíritos maus), os sensitivos martirizados nas fogueiras da sombria Idade Média, os emissários das forças celestes, entre as quais Emmanuel Swedenborg, Eduardo Irving, André Jackson Davis e outros, não conseguiram despertar maior interesse nos homens de seu tempo para a realidade maior. Mas já em 1847, Jackson Davis em transe mediúnico, escrevia: "Os tempos são chegados e o machado vai, de novo, cortar a árvore secular da Revelação, que não dá mais fruto".

Jackson Davis, que foi o precursor do "Moderno Espiritualismo", na denominação inglesa, — o João Batista dos novos tempos — ainda profetizou: "As vozes do Céu se vão fazer ouvir, trazendo a este mundo uma Nova Revelação".

Um ano após, isto é, no dia 31 de março de 1848, numa humilde casa do povoado de Hydesville, situado a umas vinte milhas da cidade de Rochester, em Nova Iorque, seus novos moradores, a família Fox, começou a ouvir ruídos estranhos nas paredes e móveis, coisa que fora observada pelos antigos inquilinos sem, contudo, darem maior atenção.

Mas com a família Fox foi diferente. Um dia a pequena Catarina, filha do casal, convidou o poder invisível para que repetisse as pancadas que ela produzia com os dedos. O desafio foi aceito pelo invisível e, desde então, com um alfabeto idealizado pelo Sr. Duesler, presidente do Comitê para estudo do fenômeno, as comunicações foram aos poucos se aperfeiçoando em todo o mundo, e, logo a seguir, não mais através de pancadas mas pela psicofonia e psicografia, de modo que já a partir de 1854 a Doutrina Espírita começou a ser coordenada, ou codificada, pelo Sr. Allan Kardec, cujo primeiro livro foi dado a lume em 18 de abril de 1857, como já foi dito.

O primeiro Espírito que se comunicou na casa da família Fox, disse ter-se chamado Charles B. Rosma e que fora assassinado cinco anos antes com uma faca de açougueiro e enterrado ali a dez pés de profundidade. Entretanto, por encontrarem água no local das escavações os investigadores deixaram os trabalhos para serem efetuados no verão, o que foi feito, encontrando parte de ossada humana. No entanto, 55 anos depois, em 23 de novembro de 1904, um esqueleto quase inteiro era encontrado entre os escombros de um muro existente na mesma casa, fato esse que foi noticiado pelo periódico não espírita — o "Boston Journal".

De Hydesville o fenômeno se irradiou por toda a América do Norte, não obstante os exorcismos das forças contrárias. O entusiasmo foi enorme e por isto as conversões foram se verificando aos milhares, com uma rapidez de relâmpago, de modo que já em 1852, o Congresso Nacional recebia um requerimento com mais de 14.000 assinaturas pedindo atenção para os fenômenos.

Diante dos fatos irrecusáveis, converteram-se ao Neo-Espiritualismo grandes nomes da época como o Governador Tellemadge, de Wiscousin, Roberto Dale Owen, congressista, o juiz Edmonds, da Suprema Corte de Nova Iorque, o cientista Dexter e muitas pessoas de alto prestígio social, além de grande número de pastores das várias igrejas protestantes.

O Rev. Haumond, teólogo e polemista de valor, encarregado de estudar os fenômenos, apresentou o seu relatório, dando os fatos como reais, indiscutíveis, não aceitando que houvesse nem mistificação nem diabolismo.

— "Artes do demônio? Pode ser, disse ele, salvo se o diabo estiver regenerado".

Os dois primeiros núcleos espíritas foram fundados em casas de protestantes e também de protestantes foram dois inventos para conversar com os Espíritos. A família Fox também era protestante.

As irmãs Fox, Margarida de 14 anos e Catarina, de apenas onze, foram as médiuns principais de todos os fenômenos que deram início a esta nova arrancada espiritualista. As experiências com essas jovens foram inúmeras e inteiramente satisfatórias.

Certa vez, na presença dos mais eminentes vultos da ciência, das letras e das artes, da política e da religião, as experiências foram feitas na Faculdade de Medicina da Universidade de Missouri, com essas jovens assentadas na pequena mesa de necropsia, e no meio de amplo anfiteatro. E os fenômenos não se fizeram esperar. Os cientistas se reuniram depois e o veredicto foi a confirmação de todos os fenômenos.

O 31 de março foi, assim, no ano de 1848, o grande despertar da humanidade adormecida havia milênios para a realidade do mundo espiritual. Quais trombetas de novos Josués, os Espíritos puseram abaixo os carcomidos muros formados por velhos e obsoletos dogmas e falsa sabedoria, dando oportunidade a todos os homens de conhecerem a verdade do além-túmulo.

Hoje, o Espiritismo se apresenta ao mundo estuante de vida e de certeza num plano de vibração diferente e sublime, dentro do programa traçado pelo Cristo e na convicção de que a Verdade será sempre a vencedora.

O 18 de abril de 1857 foi a confirmação do fenômeno e suas leis: o 31 de março de 1848, a clarinada de um novo dia, o brado de alerta dado pelos emissários do Senhor.

Estudemos Kardec

Não duvido que do Mundo Espiritual nos cheguem a qualquer momento revelações mais completas do que as do presente em circulação no meio religioso, particularmente o espírita. Allan Kardec mesmo previu sobre isto, quando disse que a primeira palavra fora dada mas ninguém daria a última.

Aliás, o que nos têm mandado André Luiz e outros Espíritos de alto "gabarito" — para usarmos da linguagem do presente — não tem sido apenas desdobramento dos ensinos evangélicos e das mensagens recebidas no tempo do Codificador, porém magníficas revelações que não puderam ser feitas até então.

Mas levar-se isso ao ponto de afirmar-se que Kardec está superado é avançar o sinal vermelho, é ir além do ponto de parar antes de haver terminado o serviço mais importante da caminhada. Existe muita coisa a ser feita antes de Allan Kardec ser posto de lado — se é que algum dia isso possa acontecer. Para ser mais claro, poderíamos até imitar os evangelistas e dizer que as interpretações e vontades absurdas dos homens passarão mas Allan Kardec não passará.

Certa vez, conversávamos sobre o movimento espírita, quando um desavisado confrade defendendo a presença na tribuna de um orador de menos de ano de estudo e desconhecido ao meio, declarou que precisávamos de renovação. Ao que eu perguntei:

— Em que sentido?

— Na parte doutrinária, pois Kardec de há muito está fora de combate, está superado. Já possuímos coisa melhor, mais atualizada.

Respondi:

— Mas o que Kardec pregou não foi invenção dele mas doutrina dos Espíritos Superiores com lógica e bom-senso e os Espíritos não passaram.

— Mas atualmente existem novas mensagens e novos pregadores, disse o interlocutor.

Retorqui:

— Aceito e tenho incentivado a que os jovens ocupem a tribuna espírita, principalmente os de vocação para isso, pois todos nós somos passageiros neste mundo e precisamos de substitutos competentes e treinados. Todavia, digo ainda à maneira evangélica:

— Irmãos, não desprezemos a caridade mas provemos se os Espíritos são de Deus; porque são muitos os falsos profetas que andam pelo mundo com doutrinas estranhas, teorias estapafúrdias, querendo fazer do Espiritismo uma seita no estilo das quase trezentas protestantes, ou milhares existentes no Hinduísmo, objetivando conquistar adeptos para que possam fundar o "meu Centro", ter o "meu povo", e adotar o "meu modo de trabalhar". Allan Kardec que passe a segundo plano, dizem os inovadores.

Para muita gente, em matéria de teoria espiritualista, os sinais da prudência não valem nada e por isso aceitam sem nenhum exame, sem nenhuma ponderação nem pesquisa, tudo quanto se escreve por esse mundo afora. E muitos autores, encarnados e desencarnados, tão ardilosamente enfeitam o bolo que se possível fosse enganariam os próprios adeptos kardecistas. Tudo porque há pessoas que vendo não vêem, ouvindo não ouvem, ainda segundo o Cristo. São dessas que se tiram as que aceitam de olhos fechados as esquisitices como se isso fosse lídima doutrina espírita.

Sim. Precisamos de renovação de valores pessoais e não de doutrina, pois a que foi codificada há pouco mais de um século continua íntegra, com sua base firme. Apenas necessita que seja difundida com mais objetividade entre os que ainda não lhe apreenderam a destinação e o valor, implantada no coração do adepto com novas expressões, novas imagens, sinceras, honestas, cultas, casando-a com as descobertas dos últimos tempos, sem fugir, todavia, daquilo que Kardec nos legou.

Kardec superado? Quando? Onde? Como? Nem pensem nisso. Nós é que nem sempre entendemos o significado de suas palavras. Creio que seja esse o caso.

Os opositores de Allan Kardec, aqueles que se julgam mais entendidos, o que deverão fazer é estudar os livros que ele codificou, por inteiro, a começar pelo O LIVRO DOS ESPÍRITOS, pois o que muitos não fizeram foi justamente isso. Ponto de vista não vale. Ponto de vista e mediocridade colocam pedras no caminho do Espiritismo e de Allan Kardec mas não conseguirão vencê-los jamais.

A Reencarnação

As religiões orientais são algo incompreensíveis para nós, assim como as nossas o são para os visitantes daquela parte da Terra. Já li que há país árabe em que os religiosos não querem ouvir sequer os vocábulos Espírito, mediunidade, fenômeno psíquico etc., embora se saiba que não existe no mundo religião que não tenha se formado da manifestação espiritual. É possível que os idiomas de traduções difíceis, sejam os causadores dessa aversão.

Também todos os credos religiosos têm os seus porquês, seus mistérios, e apenas os seus adeptos acham-os fáceis, compreensíveis, aceitáveis.

E dizemos mais: É a diversidade na unidade: caminho para Deus. O batismo, que João Batista intermediou para os cristãos católicos romanos, ortodoxos orientais e protestantes de várias correntes, vamos encontrá-lo entre os essênios, antiga seita hebraica, instalada às margens do Mar Morto. E assim muitas outras religiões e seitas, cujos nomes não adianta citar.

Lao-Tsé, filósofo chinês, que viveu pouco antes de Confúcio (Kung-Fu-Tseu 551-479 a.C.) escreveu um livro — Tao-Tse-King — teve sua filosofia fundida ou adaptada aos ensinamentos deste último, formando uma doutrina de pequena clareza para nós. Entretanto, os discípulos de ambos os mestres compreendem-na e se entendem perfeitamente. Filosofias e filósofos. Já o budismo sofreu transformação espetacular, pois, de uma filosofia tão simples que era no começo, em sua expansão tornou-se uma família de religiões, como bem diz o autor de "História das Grandes Religiões".

O próprio Espiritismo em sua Doutrina é puro e claro. Infelizmente, porém, não falta quem o negue e o confunda com alguma seita de origem exótica. Mas nós, que seguimos Allan Kardec, não trocamos os pólos.

A filosofia ou teoria reencarnacionista, nos tempos atuais, é do conhecimento de toda gente e muitos militantes de outras correntes religiosas já lhe aceitam os princípios sem contestação ou reserva. Hoje, quase não tem dono. No entanto, não será raridade encontrarmos quem nos acuse de, sendo o Espiritismo uma religião com base na doutrina cristã e no que ensinaram e ainda ensinam os Espíritos Superiores, termos adotado uma filosofia oriental, das religiões e seitas da Índia e seus arredores. Como se nós espíritas, não devêssemos aceitar também a manifestação espírita que vem dos primórdios da humanidade e foi utilizada por Jesus e seus discípulos.

A bem da verdade, devemos esclarecer e afirmar que Allan Kardec não introduziu a Reencarnação na Doutrina Espírita. Mas sim ela aí já existia trazida pelos próprios Espíritos. Ela é do contexto da própria revelação. Foram os próprios manifestantes que o fizeram, repetimos, porque não podiam esconder a verdade. Se fizessem o contrário estariam desfazendo a doutrina pregada por Jesus, que dissera a Nicodemos, mestre em Israel: "Ninguém pode ir ao reino de Deus sem ter nascido de novo".

O certo é que a nossa caminhada vivencial é como um edifício construído e reconstruído inúmeras vezes sobre seus próprios alicerces. Somos como que a antiga e famosa cidade de Tróia, da qual nos fala a História da Civilização.

Não trouxemos da civilização asiática a filosofia reencarnacionista, porque as vidas sucessivas não acontecem apenas com os habitantes daquela parte do mundo: ela é patrimônio da humanidade. Esta é que é a verdade. As pesquisas dos últimos tempos confirmam-nos isso até mesmo entre os aborígines das Américas e das ilhas do Oceano Pacífico.

"O princípio inteligente, para alcançar as cumiadas da racionalidade, teve de experimentar estágios outros de existências nos diversos planos da vida. E os protozoários são embriões de homens, assim como o selvagem de vossas regiões ainda incultas é o embrião de seres angélicos".

Como pode ser isso? Perguntará o leitor ainda confuso com as leis da vida humana, e nós humildemente respondemos. Simplesmente: através das reencarnações. Quem afirma tal coisa? Um Espírito maduro e atilado — EMMANUEL — aquele que em século passado foi nada menos que o padre Manuel de Nóbrega. Teve vida atuante ao tempo de Nosso Senhor Jesus Cristo e conheceu de mais perto a doutrina pregada pelo Nazareno.

"Nascer, Viver, Nascer de Novo, Progredir Sempre, tal é a Lei" afirmou Kardec, frase que está em relevo no pedestal de seu túmulo, em Paris.

Toda a humanidade cumpre essa lei. As Vidas Sucessivas são progresso e evolução para o Espírito, e todos os seres vivos são cativos dela. A Reencarnação nos foi dada por Deus para demonstrar ou confirmar suas maiores virtudes: — o Amor e a Justiça.

Espiritismo, Luz Dos Novos Tempos

Vivemos mergulhados num oceano fluídico. Pensamentos em ebulição. Vibrações em graus variados. Ao nosso lado existe um mundo de coisas que não vemos nem sentimos e jamais mediu a nossa escura descrença. Os Espíritos enxameiam à nossa volta e deles raramente tomamos conhecimento. E ai de nós se assim não fosse, pois viveríamos em constante desassossego. Em muitos casos ficaríamos horrorizados se inesperadamente a cortina fosse levantada, e não tivéssemos poderes de atingir o mais além do Umbral.

Se a nossa visão psíquica fosse despertada, talvez divisássemos naquele recanto um inimigo desta ou de outras existências; naquela esquina, um malfeitor simulando trânsito livre a fim de provocar acidente; do outro lado da rua uma entidade sofredora pedindo vingança por injustiças sofridas quando esteve encarnada na Terra.

São muitas as entidades espirituais que nos acompanham em nosso dia-a-dia. Benfeitores uns, trevosos outros, dependendo dos nossos pensamentos, dos nossos predicados. Os maus esperando cairmos em alguma fraqueza moral. Contra estes nossas defesas são e serão sempre a nossa vida no bem, os nossos retos propósitos.

Mas também há sugestão para o bem, para a prática das boas obras. Aqui, é um candidato à viagem aérea que por algum motivo deixou de viajar e o avião explodiu em pleno vôo, matando tripulantes e passageiros; ali, é um que pretendeu suicidar-se e que os benfeitores espirituais conseguiram esconder-lhe a arma que poderia tirar-lhe a vida, ou então encontrou quem lhe ofertasse um livro ou mesmo um folheto espírita e o candidato mudou de idéia.

De igual modo, muitas vezes não atinamos com o porquê de tais ou quais acontecimentos em nossa vida ou de outrem ao nosso lado e somente os deciframos na idade madura. Fulano, embora o máximo de esforço que empregue não consegue comprar uma roupa para o uso diário; mas outro, conquanto gaste nababescamente, já não sabe como empregar a fortuna. Mistérios da vida nos passos de cada criatura.

Do seio de uma família paupérrima às vezes surge um milionário. Enquanto que do outro lado, de uma família milionária, não raro de "sangue azul", como dizem, sai um elemento que termina na mendicância.

Todos nós temos tido conhecimento de alguns desses casos surgidos aqui e ali. É a vida diferente de cada criatura, segundo o mérito conquistado em vidas pregressas. E ainda existe quem não creia em reencarnações, no valor da honestidade, da vida pura, dos prejuízos dos vícios, na beleza da fraternidade e de outras virtudes.

Vida humana! Uns podem alçar vôos mais altos — águias que vêem longe; outros, arrastam-se quais vermes saídos das águas poluídas. Este, aos seis anos de idade já sabe vários idiomas; aquele, chega à velhice sem capacidade para distinguir as horas num relógio.

Para tudo, porém, o Espiritismo tem uma palavra: é a luz dos nossos dias.

Agradeçamos, portanto, a Deus e a Jesus tão grande favor, tão confortadora revelação, para que mais conscientes possamos reformar a nossa vida, o nosso íntimo, objetivando melhor destino, visando subir mais alto, para o Reino de Amor e Luz, para Deus.